_____ 님,

당신과 당신의 장사가 오래도록
저와 많은 사람들의 삶에 함께 해 주길 빌며
이 책을 드립니다.

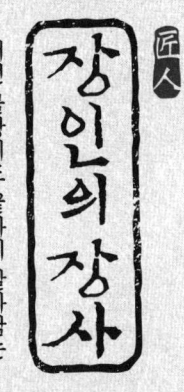

장인의 장사

어떤 불황에도 끝까지 살아남는

匠人

— 곽지원 지음 —

Coachingtown

추천의 말

내가 아끼는 가게 사장님에게
꼭 선물로 주고 싶은 책

"장사는 힘든 것이다."
"공부는 엉덩이로, 빵은 두 발로."
"장사는 자신과의 싸움 그 이상도 그 이하도 아니다."
"장사는 팩트가 중요하다."

몇 년 전에 내가 개인적으로 코칭을 하던 여성 사업가가 있었다. 원래 하던 일을 접고 러시아산 차가 버섯을 파는 사업을 막 시작한 분이었는데 상품을 어떻게 마케팅할지 몰라 고민하고 있었다. 나는 이분에게 "양수리에 곽지원 빵공방이라는 빵집을 운영하는 분이 계세요. 찾아가셔서 그분이 어떻게 장사하고 있는지 얘기를 들어 보세요."라고 안내해 드렸다.

이런 식으로 나는 강연이나 코칭 자리에서 수천 명의 사업가들에게 내가 직접 만나 본 적도 없고 당시로써는 유명하지도 않았던 곽지원이라는 사람이 어떻게 장사하는지 공부해 보라고 추천해 드렸다. 그렇게 하게 된 건 내가 받은 특별한 선물 때문이었다.

당시 나는 양수리에 있는 신망원이라는 보육원의 박명희 원장님과 함께 보육원 청소년의 자립 문제를 해결하기 위한 일도 하고 있었는데, 어느 날 원장님께서 귀중한 선물이라며 커다란 봉투를 내게 건네주었다. 무슨 귀한 선물일까 하고 안을 들여다보았더니 빵이 잔뜩 들어 있었다.

"우리 동네 빵집에서 만든 빵인데 제주도에서도 와서 사 갈 만큼 인기가 많아서 금세 동이 나요. 오늘은 거기서 일하는 친구에게 특별히 부탁해서 확보한 거예요."

이 선물을 계기로 나는 왜 사람들이 그 집 빵에 열광하는지, 그 빵집은 어떻게 장사하는지, 그런 장사를 하는 곽지원이라는 분은 도대체 어떤 사람인지 알아보게 되었고, 그렇게 해서 확보한 정보를 바탕으로 그의 양수리 동네 빵집이 전국에서 찾아오는 명소가 된 비결을 많은 사업가에게 소개하게 되었다.

하지만 곽 교수님과의 만남은 한참 후에 이뤄졌다. 주말 새벽에 아들과 함께 낚시를 가는 길에 연락을 드리고 양수리에 있는 교수님 댁에 들렀다. 곽 교수님 부부는 마치 오랜 지기를 맞이하듯 시리얼과 과일로 된 아침 식사를 내어 주셨고 두 분이 살아 왔던 얘기를 나눠 주셨다. 여러 번의 만남을 통해 나는 그의 삶과 생각에서 깊은 영감을 받았다. 특히 이제는 대박을 치려는 생각으로 장사를 할 것이 아니라 어떤 불황에도 망하지 않는 은은한 장사를 목표로 해야 할 때라는 말씀은 큰돈을 버는 방법을 가르쳐 주겠다는 달콤한 유혹보다 훨씬 실감 있었고, 그만큼 큰 울림으로 다가왔다. 이야기 내내 아재 개그를 연발할 정도로 유쾌한 분이었지만 4차 산업혁명과 코로나로 세상이 어떻게 변하는지 냉철하게 관찰하고 있었고 그에 맞는 장사의 모습을 진중하게 그려 가고 있었다.

그의 이런 생각은 자신의 장사뿐 아니라 자신이 키운 제자들을 통해 복제되고 검증되었다. 그는 대학과 자신의 아카데미에서 수백 명의 제자를 양성했다. 특히 아카데미에서 배출한 제자들은 제2의 인생을 살려는 40대 이상이 대부분이었다. 가족의 생계를 등에 지고 늦은 나이에 장사를 시작하는 제자들을 절대 망하지 않도록 이끌어야 한다는 강한 신념 같은 것이 곽 교수님에게는 있었다. 덕분에 그의 제자들은 대부분 아무리 경기가 좋지 않아도 꾸준히 수익을 내며 평온하게 장사를 잘하고 있다. 교수님의 아들은 구미에서 빵집을 열고 모은 돈으로 3년 만에 그 지역에서 가장 비싼 아파트를 샀고, 동생도 60대에 군산에서 빵집을 차려서 잘 운영하고 있다.

나는 곽지원 교수가 자신의 인생을 다해 써 온 어떤 불황에도 절대 망하지 않는 "장인의 장사"라는 메시지가 특히 지금 시대에 방향을 잃고 힘들어하는 장사를 하시는 분들에게 등대 같은 역할을 해 주리라 믿는다. 한국은 선진국으로 진입하면서 저성장 시대에 들어섰고 사회 전 분야가 성숙하여 갑자기 새로운 아이템으로 대박을 칠 가능성은 희박해졌다. 인건비, 임대료 등 장사에 드는 비용이 너무 높아져 부가가치가 큰 상품을 팔지 않으면 수익을 내기 어렵다. 소비자들은 유명 브랜드를 동네 편의점과 온라인에서 매일 접하며 세계적인 제품과 서비스의 수준에 익숙해졌고 그 기준에 미달하는 상품에는 눈길도 주지 않는다. 경쟁이 치열해져 나만의 차별점이 없으면 고객에게 선택받지 못한다.

그 결과 이제는 어설프게 장사하는 사람들은 설 자리를 잃게 되었다. 반면에 곽지원 빵공방처럼 "장인의 장사"를 하는 내공이 있는 가게들은 작은 동네에 있더라도 SNS를 통해 널리 알려져 전국에서 자동차를 몰고 와 물건을 사 갈 만큼 인기를 끌고, 쿠팡, 배달 앱 등의 전자상거래로 전국을 상대로 장사를 할 수 있는 세상이 되었다. 코로나19는 이 모든 변화를 앞당겨 장사를 하는 사람들은 이제 새로운 세상에 적응하고 살아남을 것인가, 아니면 변화의 희생자로 도태될 것인가 하는 선택의 길목에 서게 되었다.

어쩌면 곽지원 교수님의 메시지는 이미 많은 사람이 원하는 것을 정리해 준 것일지도 모른다. 대박을 치는 장사를 부나방처럼 좇는 대신 어떤 불황에도 망하지 않고 은근하게 오래도록 하는 장사를 꿈꾸는 이들이 내 주변에도 많으니 말이다. 매일 갈고닦은 기술로 내가 좋아하는 일을 늙어서까지 하면서, 그 일로 누군가를 기쁘게 하고, 그 가치의 대가로 돈을 벌고, 그 돈으로 나와 내가 사랑하는 사람들을 부양할 수 있다면, 그런 삶이야말로 지금처럼 확실한 것 하나 없이 불안하고 소란스런 세상에서 행복한 삶이 아닐까?

자영업이 빠르게 무너지는 시대이지만 여전히 한국에서는 삼성전자나 네이버에서 일하는 사람보다 장사를 하는 사람이 훨씬 많다. 우리 동네에도 수선집, 음식점, 정육점, 세탁소, 반찬가게, 옷가게 등 여전히 많은 이웃이 장사를 해서 생계를 유지하고 아이들을 키운다. 우리의 일상을 충실하게 채워 주는 것은 그런 가게다. 사장님이 우리를 알아봐 주고, 따뜻한 눈빛으로 인사해 주는 곳, 말하지 않아도 우리가 무엇을 좋아하는지 아는 가게 말이다. 그런 가게는 끝없이 펼쳐진 사막에서 만나는 오아시스처럼 각박한 세상에서 우리에게 한숨 돌리고 쉴 수 있는 공간이 되어 준다. 이런 가게들이 몇십 년이 지나도 대를 이어 가며 그 자리를 지켜 주고 있다는 것만으로도 우리의 삶은 넉넉해진다. 나도 내가 아끼는 가게들이 앞으로도 오래오래 내 일상에 있어 주길 바란다.

나는 내가 아끼는 누군가가 장사를 시작한다면, "대박 나세요"라는 문구가 쓰여 있는 화환 대신 곽지원 교수님의 이 책을 선물할 것이다. 그리고 만일 내가 나중에 장사를 하게 된다면 내 손이 닿는 곳에 이 책을 두고 장사가 힘들 때 한 번씩 꺼내어 읽어 볼 것이다.

성공하고 행복하기 위해 오늘도 열심히 뛰고 있는 우리 모두에게 건강과 행운이 깃들기를 바란다.

존윤

(협업전문가, 세계 최대 비즈니스 협업 공동체 BNI 코리아 대표, 뉴욕주 변호사)

추천사

1.

평생 빵을 만들면서 사는 것도 모자라 제자들을 키워내 전국에서 곽지원표 빵을 만드는 것은 우리나라 빵 역사에서 광개토대왕 같은 일을 하는 거다. 그가 위대한 것은 나도 제자들은 키워 봤지만 내가 운영한 빵집이 2년 만에 망해 봐서 안다. 시샘이 나서 빵밖에 할 줄 아는 게 없을 거라고 깎아 내리려고 해도 위로가 되지 않는 것은 그가 그만큼 독보적인 빵쟁이이기 때문이다. 어디 빵뿐이랴! 개그맨 프로 앞에서 시치미떼고 아재 개그도 제법 잘한다. 곽지원은 책 제목대로 빵의 장인이다. 나도 내 사위 장인이다ㅎㅎ. 축사 대신 책 사! 빵인들이여, 책 사 보자.

— 개그맨 전유성

2.

한결같다는 말은 곽지원 선생님에게 정확히 맞는 표현이다. 뵐 때마다 보이는 '맑은 눈빛'과 일을 대하는 '자세'는 흐트러진 나를 바로 세우게 하고 닮고 싶은 진한 감동을 준다. 분명 책을 읽는 동안 나와 같은 경험을 느낄 수 있을 것 같다. 세상의 중심은 나 자신이며 그 사실을 찾아가는 여정에서 힘 있고 따뜻한 어깨 두드림으로 이 책이 다가오리라 믿는다.

— '오월의 종' 대표 정웅

3.

시골의 한적한 뒷골목 빵집 앞에 롤스로이스를 줄 서게 하고, 전국 방방곡곡 어디에서도 빵공방을 가능하게 했던 곽지원 장인은 이제 코로나로 힘들어하는 이 시대 우리에게 새로운 20계를 제시했다.

〈장인의 장사〉는 장사하는 사람만이 아니라 건강하고 맛있는 인생을 추구하는 모든 이가 꼭 읽어야 할 인생 지침서가 될 것이다.

— 전 국회의원 정병국

4.

수많은 사람 중에서 곽지원 선생님께 빵을 배우기를 진짜 잘했다고 두고두고 생각한다. 선생님의 살아온 과정, 빵에 대한 철학, 철저한 자기 관리, 꼼꼼한 기록, 생각을 현실로 만드는 추진력은 혀를 내

두를 정도다. 특히 나는 선생님의 유머러스한 말과 유쾌하고 긍정적인 삶의 자세를 좋아한다. 사심 없이 베푸는 마음을 따뜻하게 느낀다. 생기 넘치는 삶이 만들어온 빵은 다르다고 생각한다. 어떤 사람이 장인이 되느냐? 장인의 장사는 어떻게 다른가? 이 물음에 답해줄 수 있는 확실한 사람이 여기에 있다.

― 아나운서 김용신

5.

인간의 역사는 빵과 함께 시작하였다. 그러기에 빵을 만드는 것은 인간이 갖고 있는 가장 오래된 기술이요, 인류 문명의 근간이라 볼 수 있다. 우리나라 역시 지난 반세기에 걸친 식문화 산업에서 제빵의 역할은 경제동력이었다. 그중에서 곽지원 원장은 우리나라 제빵 분야에 한 획을 그은 분으로, 대한민국이 배출한 세계적인 명장이요 장인이며 최고의 인재이다. 곽지원 원장은 한평생 제빵이라는 외길을 걸으며 우리나라 제빵산업 및 문화 발전에 엄청난 기여를 하였을 뿐만 아니라 많은 사람에게 희망과 꿈을 전파한 전도사이기도 하다. 아직도 그는 꿈의 씨앗을 뿌리고 싹을 틔우며 같이 더불어 걸어가는 세상을 꿈꾸고 있다. 발효 마을이 만들어지고 빵 프리마켓이 열리는 아름다운 세상이 열리길 기대해 본다.

― 전 건국대학교 총장 민상기

6.

'전쟁의 고수는 싸워서 이기는 사람이 아니라 어떤 싸움에서도 지지 않는 사람이다!' 동양의 전략서 『손자병법』에 나오는 명언입니다. 불확실한 전쟁터 환경에서 이기는 것보다 중요한 것은 살아남는 것입니다. 장사도 불황에서 살아남는 사람이 고수입니다. 저자의 책 속에는 저자가 평생 모아 온 지지 않는 전략과 살아남는 지혜가 담겨 있습니다.

— 박재희 박사

7.

양수리 뒷골목에 있는 '곽지원 빵공방'은 지역주민뿐만 아니라 전국에서 찾아오는 대한민국 최고의 빵집이다. 이곳에서 간식이 아닌 주식으로 하루 한 끼는 함께할 수 있는 '건강하고 심플한 밥 같은 빵'을 만들고 계신 주인장의 장사 일기가 이 책이다. 젊은 시절부터 꿈과 열정을 품고 도전과 실패를 거듭하면서 '장사의 신' 경지에 오른 곽지원 장인의 삶에 감동을 넘어 존경의 마음을 갖게 한다. 자신의 길을 찾지 못해 방황하는 젊은이들, 월급쟁이 생활을 벗어나 개인 사업을 꿈꾸는 중년들은 꼭 읽었으면 좋겠다.

— 강원대학교 국제무역학과 이현훈 교수

8.

늘 긍정적이고 도전정신이 넘치며 두려움 없이 10년 앞을 내다보며 계획한 대로 정진하는 곽지원 선생님! 그의 몸속엔 늘 젊은 혈기가 콸콸 흐른다. 단돈 백만 원을 가지고 일본에 건너가 부부가 다 원하는 공부를 하며 길거리에서 과일 장사를 해서 귀국할 때 5억 원을 거머쥐고 온 사람. 더 무슨 설명이 필요한가? 더구나 그의 주머니엔 위트와 유머가 두둑하게 들어 있다. 앞날이 걱정되고 삶이 두려우신가? 그의 얘기를 들어보시라! 큰 도움이 될 것이다!

— 배우 양희경

9.

곽지원교수와 알고 지낸지도 벌써 30년이 넘었습니다. 동경제과학교 선배로, 업계의 선배로 열심히 노력하는 모습을 응원하며 이 책이 코로나로 인해 힘들어하는 소상공인이나 새로운 길을 모색하는 많은 사람들에게 새로운 좌표를 설정하는데 도움이 되리라 믿습니다.

— 권상범 명장(리치몬드 제과점 대표)

프롤로그

나는 장사하는 장인입니다

새벽 4시. 오늘 판매할 빵을 만든다. 반평생 넘게 매일 빵을 만들고 있다. 행복이라는 것은 다분히 자기 최면적인 요소가 강하기 때문에 이 길이 최고라고 자부할 수는 없다. 하지만 지금 걷는 이 길이 나에게는 최고의 길이라는 느낌은 있다.

빵의 길을 걷기로 마음먹을 때만 해도 많은 갈등과 고민이 있었는데 어느덧 걸어온 인생을 돌아보고 정리해야 할 시간이 와 버렸다. 이 길을 택한 것을 두고 후회보다는 감사하는 마음이 가득하다. 자기가 택하고 걸어온 길을 감사하고 후회하지 않는 사람은 과연 얼마나 될까.

손으로 무엇인가를 만들고 있다는 충족감과 그렇게 만든 제품을 팔아 가족을 부양하고, 경제적으로 궁핍하지 않은 미래를 꿈꾼다는 든든함이 있는 삶은 얼마나 행복한 일인가? 그 제품으로 행복해 하는 손님을 보는 것은 얼마나 기쁜 일인가? 많은 제자와 함께 또 다른 꿈을 완성해 가는 것은 또 얼마나 보람 있는 일인가?

불확실한 시대, 장인의 장사에서 길을 찾는 사람들

 자신의 도움으로 좋아하는 일을 찾게 되고, 그 일을 하며 가족을 부양할 수 있다면 누구든 보람을 느낄 것이다. 빵을 만드는 장인으로 어느 정도 자리를 잡은 이후 많은 사람이 빵 만드는 법을 가르쳐 달라고 나를 찾아왔다. 어떤 이는 하던 일이 망해서, 어떤 이는 하던 일이 싫어서, 어떤 이는 두 번째, 세 번째 직업을 준비하며 빵을 배우려 했다. 그런 사람들을 가르치다 보니 빵아카데미까지 만들게 되었다.
 '곽지원 빵공방'을 열고 나서 2년쯤 되었을 때 경기도 수지에서 '해피쿠키'라는 제과점을 운영한다고 하면서 아주머니 7명이 우리 빵집을 방문했다. 이분들과 인사를 나누고 제빵과 관련해 이런저런 이야기를 나누던 중 재미있는 사실을 알게 되었다. 동네 아주머니 7명이 협업을 해서 제과점을 운영한다는 것이었다. 제과점은 대개 사장이 직원들을 고용해서 운영하는 형태가 일반적인데 그렇지 않은 점이 무척 특이하게 다가왔다. 한 명씩 교대로 빵과 과자를 만드는 날을 정해서 장사를 하고 이익금은 공평하게 배분한다고 했다. 우연히 TV에서 우리 빵집을 보고 무조건 천연 효모종 빵을 배우고 싶어서 찾아왔다고 했다.
 뭔가를 열심히 배우려고 노력하는 모습이 좋아 보여서 가르쳐 드리기로 했다. 우리 빵집은 장소가 비좁아서 전부는 다 못 들어오고 두 사람만 가능하다고 했더니 그다음 날 새벽 4시에 아주머니 두 분이 오셨다. 내 옆에서 같이 빵을 만들었는데 혹시나 지각할까 봐 빵집 앞에 새벽 2시쯤 도착해 내가 출근하기를 기다렸다고 한다. 그런 배움을 향한 열정에 감탄하면서 천연효모에 대해서 처음부터 하나씩 하나씩 가르쳐 드렸다. 두 분은 그렇게 일주일쯤 공부하고 나서 가게로 돌아갔고, 그로부터 몇 년이 지난 후 그중 한 분이 빵아카데미에 들어와서 본격적으로 6개월 동안 천연 효모종 빵을 배우고 지금도 해피쿠키에서 열심히 빵을 굽고 있다.

2010년 전후에는 통영에서 서로 형, 동생이라 부르는 두 사람이 찾아 왔다. 거북선 꿀빵을 만들려 한다면서 내게 개발을 부탁했다. 나는 굳이 왜 멀리서 나를 찾아 왔느냐고 물었다. 인터넷에서 나를 알게 되었고 이 사람밖에 자신들을 도와줄 사람이 없다고 생각해서 왔다고 했다. 그분들의 솔직하고 절박한 심정에 감동한 나는 십 원 한 푼 받지 않고 빵 만드는 도구부터 반죽 배합까지 개발해서 알려 주었다. 그러나 그 과정이 쉽지만은 않았다. 배합을 잘해야 빵이 맛있어진다는 걸 실제로 보여주는 것도 어려웠지만, 무엇보다 제빵 기술이 전혀 없는 이분들에게 좀 더 쉽게 반죽하고 쉽게 구울 수 있게 가르치는 건 나로서는 무척 까다로운 일이었다. 그분들에게 레시피를 전하면서 나는 평생 이 일을 해 왔으니 새로운 빵을 만드는 것은 그다지 어려운 일 아니라고 하면서 절대 금전적으로나 다른 것으로 나에게 갚을 생각을 하지 말라고 신신당부하며 보냈다. 처음에 이분들이 왔을 때 이런 일을 해 주는 데 얼마냐고 흥정하는 투로 얘기했다면 아마도 내 성격상 거절했을 것이다. 그 후 이분들은 이 빵으로 통영에서 꽤 유명해져, 우리 빵집에서 일하고 있던 제자가 우연히 본 '서민갑부'라는 TV 프로그램에 소개될 정도로 인기를 누리고 있었다.

그 밖에도 빵으로 삶을 바꾼 이들이 많다. 서울에서 사업을 하다가 정리하고 양수리로 들어와 같은 동네에 사시는 분은 내가 가르쳐준 빵 제조 기술을 살려 지금은 문호리 리버마켓에서 화덕으로 빵을 굽고 있고, 내가 나폴레옹과자점에서 책임자로 일할 때 강릉에서 무작정 찾아와 빵을 가르쳐 달라고 해서 알게 된 L 씨는 지금은 강릉에서 빵집을 운영하며 유명 인사가 되었다. 서울대 법대를 나온 한 제자는 요리사 일을 하다가 나에게서 빵 만드는 법을 배워 지금은 B제빵소라는 유명 빵집에 좋은 조건으로 스카우트되어 책임자로 일하고 있다. 수의학을 전공하고 부인과 같이 동물병원을 운영하던 제자 한 명은 내게 빵 제조법을 배운 후에 동물병원을 그만두고 지금은 경기도 광주에서 자신의 빵집을 운영하고 있다.

우리 아카데미를 졸업한 제자들이 연 빵집은 전국에 걸쳐 100여 곳에 이른다. 이들의 사연과 직업은 책 한 권은 메꿀 만큼 다양하지만, 열심히 빵을 만든다는 점에서는 같다. 제자들은 코로나 시대에도 씩씩하게 빵을 굽고 있다.

코로나로 갑자기 모든 것이 불확실해졌다. 몇 달 사이에 마스크 없이는 사람을 만날 수 없다. 초등학생 아이들은 집에서 수업을 들어야만 한다. 노래방도, 영화관도 용기를 내지 않으면 갈 수 없다. 대공황

이래 최악의 경기 침체로 대부분의 국가가 마이너스 성장을 하고 있다. 자영업은 망하고, 취업은 더욱 어려운 세상이 되었다. 발밑의 땅이 흔들리는 것 같은 불안감으로 사람들은 쉽게 돈 버는 방법을 가르쳐 준다는 유튜브를 보고, 책을 읽고, 다단계에 빠진다. 준비도 없이 자영업에 뛰어든다. 그러나 대부분은 돈을 벌기는커녕 있던 돈도 날려 삶이 더욱 피폐해지고 있다.

변화하는 세상, 내 힘으로 길을 만든다

나도 지금 세상의 변화가 걱정스럽다. 조만간 식료품 값이 폭등하리라 생각해서 빵 재료인 밀가루 값을 하루도 빠지지 않고 확인한다. 앞으로 더 많은 사람이 어려움을 겪을 것이라 생각하면 마음이 무겁다. 하지만 나는 어떤 불확실한 사태가 벌어져도 살아남을 자신이 있다. 갑자기 들이닥친 변화의 파도에 휩쓸리기보다는 미리 그 길목에 가서 변화를 관찰하고, 그런 변화를 타고 넘어온 수십 년의 경험이 있기 때문이다. 그 경험 속에서 나는 '어떠한 불황에도 살아남는 장인의 장사'라는 나 나름의 철학과 방법을 발전시켰다. 그것이 허튼 노력은 아니었는지 나에게 배운 제자들도 이 어려운 상황을 잘 버티며 살아가고 있다.

40년 전에 직장 생활을 하던 20대의 나는 변변찮은 학력과 가난한 집안 형편 때문에 미래에 대한 불안감이 컸다. 그래서 누구에게도 의

지하지 않고 평생 내 손으로 먹고살 방법을 찾아 나섰다. 가난을 벗어나 보려고 10대 때부터 이런저런 장사를 했던 나는 앞으로 세상이 어떻게 변하든 사람은 먹어야 한다는 사실은 변하지 않을 것이라 생각했다. 그래서 빵 만드는 법을 배웠다. 사람들이 앞으로 몸에 좋은 음식을 더 찾게 되리라 생각하고 설탕이나 화학첨가물을 넣지 않는 건강한 빵을 추구했다. SNS가 활성화되며 장소와 상관없이 맛있는 빵이 있으면 멀리서도 찾아 오리라 생각해서 서울이 아닌 양수리 뒷골목으로 빵집을 옮겼다. 내 삶은 다음 변화의 파도는 어디서 오는지 미리 보고 대비하여 그 파도를 잡아 타고 새로운 곳으로 향하는 파도타기의 연속이었다.

지금 나는 크지는 않지만 내 건물 두 곳에서 내 이름을 건 빵집과 빵아카데미를 운영하고 있다. 일흔을 바라보는 나이지만 여전히 매일 새벽 4시에 일어나 빵을 만든다. 아침 여덟 시가 되면 내가 만든 빵들이 진열대에 올라가고, 나는 수십 년째 다니고 있는 동네 에어로빅 클럽에서 방송 댄스를 즐긴다. 그 사이 제주도에서도 주문이 들어와 우편으로 빵을 보내주기도 한다. 내가 만든 빵을 맛보겠다고 하루에도 손님 수십 명이 멀리서 양수리로 차를 몰고 온다. 이런 인기 덕분인지 롯데백화점의 요청으로 전국 최고의 맛집들만 입점한다는 잠실 롯데백화점 지하 1층 식품관에서 제자들과 '여섯시오븐'이라는 빵집을 운영 중이다.

매년 수십 명의 제자가 빵아카데미에서 내 빵 철학을 담은 빵 굽는 법을 배운 후 전국에 빵집을 열어 건실하고 행복한 삶을 살고 있다. 연락도 없이 제자들의 빵집을 찾아가서 놀라게 하는 것은 더 없는 기쁨이다. 아들 곽선호도 아버지를 따라 빵 장인이 되어 지방에서 작은 빵집을 열었다. 나보다 더한 빵쟁이인 아들은 빵집을 연 지 3년도 되지 않아 그 동네에서 제일 좋다는 아파트를 자기 힘으로 샀다. 동생 둘도 60이 넘은 나이에 내게 빵 만드는 법을 배워 군산에 빵집을 열었다.

90대의 어머니는 아직도 건강하셔서 매일 아침 안부 전화를 드릴 수 있고, 나에게 빵을 가르쳐 주신 일본의 선생님 몇 분도 여전히 건강을 유지하고 계셔서 안부 전화도 드리고 가끔씩 용돈을 보내드릴 수도 있다. 70이 되면 20대부터 지금까지 삶을 함께해 온 내 사랑하는 아내 최두리 선생과 세계 빵 투어를 떠날 계획이다.

누가 나에게 성공했느냐고 물어보면 나는 선뜻 그렇다고 대답하지 못하겠다. 성공은커녕 아직도 매일매일 나와의 싸움을 이어가는 것 이상도 이하도 아닌 삶을 살고 있기 때문이다. 하지만 행복한 삶을 살았느냐고 묻는다면 자신 있게 그렇다고 대답하겠다.

당신도 그 길을 갈 수 있다.

나는 많은 사람이 내가 누리는 것 같은 행복을 누리고 살기를 바란다. 빵이 좋아 평생 빵 일을 하지만 빵 장사가 최고라고 얘기하려는 마음은 없다. 굳이 빵이 아니어도 좋다. 설렁탕을 팔아도 되고, 비누를 팔아도 된다. 무엇을 만들고, 무엇을 팔지는 여러분이 결정하면 된다. 나는 지난 40년간 빵을 만들어 팔면서 큰돈을 버는 장사보다 '절대 망하지 않는 장사', '장인의 장사'를 추구해 왔다. 장인이 되는 길, 어떤 불황에도 절대 망하지 않는 장사를 하는 법에는 분야를 막론하고 관통하는 기본과 원칙이 있다고 나는 생각한다.

단순하게 만드는 것으로 끝나는 장인이 아니라, 그렇게 만든 것을 소비자들에게 정성껏 판매하는 장사꾼으로 살아온 두 갈래 삶의 궤적을 담담한 마음으로 적어 보았다. 미래가 불안한 많은 분에게 나의 경험이 조금이나마 힘이 될 수 있기를 바라는 마음이다.

평범하게 직장생활을 하면서 남들이 사는 방식 그대로 삶을 꾸려 갈 수도 있었다. 하지만 남들보다 조금 앞서 세상이 어느 방향으로 흘러가는지를 예측하려고 노력해 왔다. 몇 살까지 살지는 모르겠지만, 최후의 순간까지 빵을 만들며 내 빵을 좋아하는 사람들과 소통하면서 살아 있다는 존재감을 느끼며 살고 싶다. 예측 불가능한 미래의 세상을 바라보면서 나만의 기술을 갖고 살아가는 삶의 비전을 조금이라도 많은 분과 나누고 싶었다. 많은 부를 쌓기보다는 자기가 좋아하는 일을 하면서 어떤 어려운 상황에서도 끝까지 살아남는, 죽을 때까지 할 수 있는 장사법을 배우고 싶은 분들을 위하여 이 책을 썼다. 내 경험이 나처럼 행복한 장사를 하는 장인이 되는 데 조금이나마 도움이 된다면 기쁘겠다.

자기가 좋아하는 것을 만들고, 그것으로 사람들을 기쁘게 하고, 그 장사로 자기 가족을 부양할 수 있다면 그런 삶을 행복한 삶이라 나는 생각한다. 만일 여러분이 그런 삶을 원한다면 내 삶의 궤적과 생각이 조금은 도움이 될 것이다. 그럼 이제 내가 장사를 시작하게 된 얘기부터 해 보자.

차례

추천의 말 · 4
추천사 · 10
프롤로그 · 15

1장 나의 길을 찾다

희망 없는 직장생활은 영혼을 잠식한다 · 29 / 새로운 삶을 어떻게 시작할 것인가? · 31 / 모든 역할을 다 잘하려 하면 어떤 역할도 못하게 된다 · 35 / 새로운 길의 최대 관문: 가족의 동의 · 36 / 개문발차: 가능성을 보고 떠나다 · 38 / 돈이 없어도 꿈은 꿀 수 있다 · 39 / 꿈을 향해 돈을 모으다 · 40 / 한국에서 온 타일 기술자? · 42 / 남의 일을 내 일처럼 한 결과 · 45 / 도쿄에서 가라오케 점장이 될 줄이야 · 47

2장 장사의 길

첫 번째 장사 '몽마르쥬' · 51 / 두 번째 장사 '보험영업' · 54 / 세 번째 장사 '원카바레' · 57 / 네 번째 장사 '아가페' · 59 / 다섯 번째 장사 '넝마주의' · 62/ 야쿠자와 과일 장사 · 67 / 방과 후 과일 장사로 4억 6천만 원을 벌다 · 72 / 1억 2천만 원을 날렸다가 되찾게 해 준 우주의 원리 · 78

3장 장인의 길

수석으로 동경제과학교를 졸업하다 · 87 / 실전에서 빵을 공부하다 · 90 / 빵의 본산 프랑스로 · 92 / 금의환향 대신 밑바닥에서 다시 시작하다 · 102 / 장인의 기본은 체력 · 109 / 장인의 길은 스승을 섬기는 길 · 111 / 좋은 스승을 만나는 것이 장인의 길의 절반 · 113 / 장인은 축적하는 사람 · 117 / 다른 장인의 길을 보며 나의 길을 다듬다 · 120

4장 장인의 장사

내 이름을 걸고 장사를 한다는 것 · 125 / 앞으로 벌고 뒤로 밑지는 장사 · 127 / 외딴 양수리에 빵집을 연 이유 · 128 / 나만의 빵을 추구하는 양수리 빵집 · 131 / 양수리의 빵 실험 · 134 / 양수리에서 혼자 하는 빵집을 열다 · 135 / 장사도, 인생도, 위기와 행운의 변주곡 · 137

5장 절대 망하지 않는 장사의 20가지 비결

망하지 않는 장사를 목표로 하라 · 145 / 비결 1. 망하기 어려운 업종을 선택하라 · 152 / 비결 2. 혼자 하라 · 155 / 비결 3. 좋은 상품을 만들라 · 158 / 비결 4. 나만의 히트상품을 갖추라 · 160 / 비결 5. 접객을 연마하라 · 163 / 비결 6. 손님의 소리에 귀 기울이고 빠르게 반응하라 · 166 / 비결 7. 손님이 오게 하는 마케팅을 마스터하라 · 170 / 비결 8. 나만의 스토리를 만들라 · 174 / 비결 9. 너무 힘들지 않게 장사하라 · 177 / 비결 10. 내 장사의 데이터를 파악하라 · 179 / 비결 11. 직원에 대한 헛된 기대를 버려라 · 181 / 비결 12. 자기 관리를 하라 · 186 / 비결 13. 부동산이나 투자를 챙겨라 · 188 / 비결 14. 시대의 흐름을 읽고 변화하라 · 192 / 비결 15. 미래를 미리 준비하라 · 197 / 비결 16. 끊임없이 개선하는 습관을 들이라 · 199 / 비결 17. 가족과 조력자의 지원을 확보하라 · 201 / 비결 18. 딴짓하지 마라 · 204 / 비결 19. 감사한 마음으로 스승을 섬기라 · 205 / 비결 20. 같은 길을 가는 동료 공동체를 만들라 · 208

6장 다음 세대로 이어지는 장인의 정신

장사의 핵심은 사람을 키우는 것 · 213 / 장인을 키우는 실전 기회를 만들다 · 215 / 대를 잇는 장인의 장사 · 219 / 아버지에서 스승으로, 스승에서 동료로 · 223 / 곽지원 빵아카데미 공동체 · 227 / 제자들의 길을 함께 걷다 · 228 / 한국식 노렝와케 · 233 / 빵아카데미의 출발 · 235 / 졸업생들이 전국에서 빵집을 열다 · 238

에필로그 · 241

1장

나의 길을 찾다

"새로운 일을 시작하려고 하면 발목을 잡는 것이 있다…
그때 우리는 선택의 갈림길에 선다.
이 역할들을 다 잘하면서 새로운 일도 잘할 수 없을까?
그런 질문을 하면서 머뭇거리고 방황하게 된다"

나의 길을 찾다

희망 없는 직장생활은 영혼을 잠식한다

'과연 나는 몇 살까지 직장 생활을 할 수 있을까?'

모든 일은 아주 간단하고 막연한 의문에서 시작되었다. 내가 대학을 졸업하던 1980년은 10·26과 5·18로 이어진 격동의 시기였다. 막상 졸업은 했지만 취업을 하기는 무척이나 어려웠다. 국내 정세는 얼어붙었고 국가 경제는 제 2차 석유 파동의 후유증으로 인해 저성장 늪에 빠져 있었다. 다행스럽게 나는 D라는 대기업에 취업했다.

회사는 국영 기업에서 민간 기업으로 막 합병이 끝난 상태라 늘 뒤숭숭한 분위기였다. 나는 나름 열심히 회사 생활에 적응해 가면서 지금까지 나 혼자서 장사를 하면서 겪었던 사회와는 전혀 다른 조직에서 일하는 법을 배우고 있었다. 당시에는 자의든 타의든 직장을 그만둔 많은 선후배에게서 하루가 멀다 하고 백과사전이나 무슨 전집류 등을 사달라는 전화를 받았다. 하도 시국이 안정되지 않다 보니 직장

생활을 그만두고 뭔가를 한다는 것이 어려웠지만 미래를 생각하지 않을 수 없었다.

이런 생각에 부채질을 한 것은 실력이 아닌 학벌로 인해 대리 진급에서 밀려난 일이었다. 그동안 모르고 살았던 사회의 높은 장벽을 경험하자 여러 가지 고민으로 한층 생각이 많아졌다. 이런 일은 젊을 때는 세상을 살아가는 데 좀 더 분발하게 하는 계기가 될 수도 있을 것이다. 하지만 만일 나이 들어서 겪게 되어 회사를 그만두게 된다면 백과사전 사달라고 전화하는 선배들의 모습이 남의 일이 아니겠다는 절박감이 들었다.

그 후 나는 나에게 가장 잘 맞는 업종을 찾기 시작했다. '나이 들어 직장 생활을 할 수 없을 때 경제 활동을 할 제2의 방안은 무엇이 있을까?' 그렇게 나 자신에게 물어보았다. 미래를 확실하게 보장해 주는 것이 없다면 얼마나 삶이 불안정해지는지를 생각해 보았다. 그리고 마침내 '그런 불안정한 미래를 보장해 주는 것은 기술이 아닐까?' 하는 결론을 내렸다.

장사 경험이 있는 사람으로서 장사가 얼마나 어려운지 알았기 때문에 나는 기술을 배우고 그 배운 기술로 장사하는 것이 가장 안전하다고 확신했다. 하지만 이런 고민은 나만의 고민이 아니었다.

"회사 때려치우고 장사나 할까?" 많은 사람은 직장에서 일을 하다가 여러 가지 사정으로 힘들어지면 이런 투의 말을 자주 입에 올리곤 한다. 물론 순간적인 감정에서 비롯된 말일 수도 있다. 아무런 대책도 없이 당장 직장을 그만두고 장사하겠다는 사람은 없을 것이다. 그래도 이 말에는 어느 정도 많은 사람의 진심이 깃들어 있지 않을까 생각한다. 특히 나이를 먹고 점차 정년이 가까워지면 그런 고민은 한층 눈앞에 닥친 현실로 다가온다. 그런 고민이 늘 마음 한구석을 짓누르며 풀기 어려운 숙제가 되는 것이다.

현재 나에게 빵을 배우러 오는 많은 제자의 모습에서 나는 예전의 나를 본다. 특히나 요즘은 100세 시대라고 부를 정도로 수명이 많이 늘어나, 60세에 조직에서 나오면 적어도 80세까지 20년 동안은 뭔가 할 일이 있어야 한다는 절박감이 조급함으로 밀려오는 시대다. 이런 사회적 분위기 때문에 많은 사람이 하루빨리 기술을 배워서 일을 해야겠다고 다짐한다. 그 일이 자신에게 경제적으로 도움이 되면 더욱 좋을 것 같다고 생각한다. 이런 생각 때문인지 빵을 배우러 오는 사람들이 갈수록 늘어난다.

새로운 삶을 어떻게 시작할 것인가?

'언젠가 다니던 직장을 그만두고 기술을 배운다면 한 살이라도 더 젊을 때 기술을 익히는 것이 좋지 않을까?' 라는 생각이 늘 머리를 떠나지 않았다. 이왕 기술을 배우겠다면 우리나라보다 기술력이 앞선 나라에 가서 선진 기술을 배우는 것이 전망이 좋으리라 생각하고, 서른이 넘을 즈음에 일본으로 배움의 길을 떠날 결심을 하였다.

직장을 다니며 일 년 동안 일본에 갈 준비를 했다. 일본어 공부도 하고 일본에서 쓸 돈도 모았다. 가장 큰 문제는 두 살도 안 된 아들 선호의 양육이었다. 아내와 나는 적어도 첫 한두 해는 우리만 먼저 가서 자리를 잡기로 일찌감치 마음먹었다. 그 나라 말도 못 하면서 낯선 곳에 적응하는 것은 물론 돈을 벌어 학비를 마련해야 했기 때문에 아들을 데려갈 수는 없었다. 부모님께 일 년 정도 봐 주시면 데리고 가겠다고 부탁을 드렸다. 막상 일본에 가 보니 애 키우면서 할 수 있는 일이 아니었다. 그래서 결국 우리는 6년을 어린 아들과 떨어져 살았다.

눈에 넣어도 아프지 않은 자식을 떼어 놓고 떠날 때는 마음이 찢어지게 아팠다. 아들과 부모님께 죄책감도 들었다. 하지만 나는 나 자신에게 투자했다. 고등학교를 졸업하고 무역회사에서 일하면서 사회생활의 한계를 느낀 아내도 내 뜻을 이해하고 동의했다. 일본 유학을 마치고 내친 김에 프랑스 유학까지 마무리 지었다. 인생이 길다는 것을 알았기 때문이다. 가족에 대한 잠시 동안의 연민 때문에 내가 가야 할 길을 가지 않는다면 결국 가족에게도 좋지 않다는 것을 나는 어릴 적 경험에서 뼈저리게 배웠다.

나의 할아버지는 연희의전 출신 의사로 전라북도 부안에서 가까운 줄포라는 작은 도시에서 병원을 운영하셨다. 지금도 그렇지만 당시에는 많은 의사가 자식을 의대에 보내 의사를 만들고 병원을 물려주었다. 아버지도 할아버지의 모교인 세브란스 의대에 들어가셨지만 가정적인 문제로 의대를 마치지 못하셔서 가업을 잇지 못하셨다.

초등학교 동창이었던 아버지와 어머니는 고등학교 졸업 후 바로 결혼했다. 아버지가 서울에서 의대를 다니는 동안 아버지와 떨어지셔서 어머니는 군산에서 시할머니 밑에서 시집살이를 하셨다. 전주여자고등학교를 졸업하시고 갓난아기인 나를 낳으시고 바로 시작된 엄한 시할머니 밑에서 하는 시집살이가 만만치 않았다고 한다. 아버지는 세브란스 의대 예과를 마치고 몸이 안 좋으시다고 휴학하고 집으로 내려오셨는데 돌이켜보면 건강도 건강이지만 어머니가 하고 계시던 시집살이가 안쓰러워서 내려오신 부분도 있다는 생각이 든다.

그 후 아버지는 끝내 학교로 돌아가지 못하셨다. 대전으로 옮겨서 병원을 하시던 할아버지가 갑작스럽게 돌아가시자 병원에 있던 그 많던 병원 장비를 아버지는 학교 동기들에게 나눠 주었다. 원래 군산에서 10km 정도 떨어진 대야라는 곳에서 대대로 살았던 우리 집은 4대조 할아버지가 공조참판을 하시면서 '정문'을 하사받으실 정도로 명문 집안이었는데 할아버지대부터 가세가 기울었다. 할아버지가 돌아가시면서 집안을 책임지게 된 아버지는 대학에 다니던 작은아버지 뒷바라지는 물론 8명의 여동생을 고등학교까지 교육시키고 결혼까지 시켰다. 거기에 어른들 장례를 몇 번 치르면서 우리 집안은 빚더미에 앉았다.

겨울, 봄, 여름을 빚으로 살고 가을에 추수해서 갚으면 다시 겨울부터 빚으로 사는 모습을 어렸을 때부터 봐 왔던 나는 필요한 돈이 있어도 차마 부모님께 말을 하지 못했다. 서울에서 의대를 중단하고 집에 내려오셨던 그 한 번의 결정으로 인해 모든 것이 어그러진 아버지의 모습을 보면서 어린 마음에도 '어렵더라도 아버지가 의대를 마치셨다면 이렇게 살지 않았을 텐데' 하는 안타까움이 컸다. 이런 이유로 '기회가 왔을 때 그 기회를 꼭 붙잡아야 겠다'고 나는 늘 마음에 새겼다.

내가 건국대학교에 합격했을 때 등록금을 내야 하는데 돈이 없으셨던 아버지는 차용증을 써 주시면서 옆 동네에 있는 친한 친구의 아버지 방앗간에 가서 등록금을 빌려 가라고 했다. 어린 마음에 그 돈을 받아 들고 나오면서 너무 자존심이 상했다. 대학에 다닐 때는 버스비 3원이 없어서 자취하던 천호동에서 학교까지 한 시간여를 걸어 다녔다. 석양 무렵 학교에서 돌아올 때면 지금은 사라진 광진교에서 지는 석양을 바라보며 처량한 마음을 달랬다. 방학이 끝나면 시골집에서 김치와 쌀을 가져와 동대문고속버스터미널에서 마천동까지 가는 571번 버스를 타곤 했는데 김치를 운전사 옆자리 엔진룸 위에 놓으면 김치가 가는 동안 부글부글 끓어올라서 그 냄새가 버스에 진동했다. 안내양이 카랑카랑한 목소리로 "이거 누구 거예요?" 하면 남의 것인 양 고개를 푹 숙이고 잠자는 척하다가 내릴 때 허둥거리며 들고 내렸다. 그때 등 뒤에서 들리던 승객들의 웃음소리가 아직도 생생하다. 그런 경험들로 '돈이 있으면 이런 고생을 안 할 텐데'라는 생각이 마음에 사무쳤다.

세상에서 누구보다도 사랑하고 존경하는 아버지셨지만 아버지가 가정 사정으로 학업을 중단한 것이 내게는 두고두고 트라우마가 되었다. 어머니가 간혹 아버지의 동기들이 병원으로 성공한 얘기를 해주시면 우리 아버지가 성공해야지 남이 성공하면 무슨 소용이 있느냐는 원망이 가슴속에서 솟구쳤다. 나는 꼭 성공하고야 말겠다는 열망을 마음에 품었다.

모든 역할을 다 잘하려 하면 어떤 역할도 못하게 된다

　새로운 일을 시작하려고 하면 발목을 잡는 것이 있다. 여러 인간관계에서 내가 짊어져야 하는 책임이 그것이다. 인간은 누구나 세상을 살아가면서 자의든 타의든 여러 가지 역할을 수행하며 살 수밖에 없는 사회적 동물이다. 자식, 남편, 아버지, 친구, 직원, 사회 구성원… 새로운 일을 하기 위해서 나를 던질 때는 그러한 책임 중 많은 부분을 예전만큼 또는 기대받는 만큼 못 하게 된다. 그때 우리는 선택의 갈림길에 선다. 이 역할들을 다 잘하면서 새로운 일도 잘할 수 없을까? 그런 질문을 하면서 머뭇거리고 방황하게 된다.

　일본으로 유학을 떠날 때, 그리고 지금까지 장사하는 빵 장인으로 살아오면서 나름대로 내가 내린 결론은 이렇다. 수많은 역할을 하면서 전부를 동시에 잘하기는 슈퍼맨이라도 불가능하다. 접시 여러 개를 동시에 돌릴 때처럼 이쪽을 잘하기 위해서 신경 쓰다 보면 저쪽이 소홀해지는 일이 반복되기 마련이다.

하지만 내 길을 열심히 걸어오면서 이런 문제를 해결할 방법이 있다는 것을 저절로 알게 되었다. 내 일을 열심히 해서 그 길에서 홀로 설 수 있게 되면 신기하게도 많은 역할이 순조롭게 좋은 쪽으로 변해 간다는 것을 알았다. 어린 아들을 데리고 가면 유학 생활이 죽도 밥도 안 될 것을 알기에 부모님께 맡기고 떠나야 했지만, 그때만 해도 주위의 시선은 냉랭했다. 그러나 한 걸음, 두 걸음 지독스럽게 내 길을 걸어가는 모습을 보고 이제는 많은 분이 충분히 이해도 해 주고 한편으로는 자랑스럽게 여겨 주고 있다. 조금은 마음의 빚을 던 느낌이다. 살면서 여러 역할을 해 왔다. 자식, 남편, 아버지, 친구, 직원, 사장, 때로는 여러 역할을 한꺼번에 하면서 깨달았다. 내게 주어진 모든 역할을 다 잘할 수는 없다는 사실을. 하지만 한 가지 더 깨달은 것이 있다. 내 일을 잘하면 대부분의 역할이 해결된다는 사실을. 내가 홀로 설 수 있어야 부끄럽지 않은 부모가 될 수 있기 때문이다.

"내가 홀로 설 수 있을 때 가족에게 힘이 되지, 그렇지 못하면 주위 사람들에게 짐이 된다."

새로운 길의 최대 관문: 가족의 동의

그 당시는 그랬다. 일본으로 기술을 배우러 가겠다고 얘기를 하니까 가족을 비롯해 주위 분들이 전부 다 다시 생각해 보라고 말렸다. 막상 기술을 배우러 간다고 결심하고 보니 혹시나 하는 일말의 불안감도 있고 해서 주위 사람들한테 조언을 구했는데 하나같이 만류하는 사람뿐이었다. 이런 나의 고민을 부모님께 말씀드리고 일본으로 가서 기술을 배우고 싶다고 말씀드리자 아버님께서 하셨던 말씀이 지금도 기억에 생생하다. "아무래도 멀쩡한 정신이 아닌 것 같으니 병원에 가보자."

 미래에 믿을 것은 내가 가진 기술밖에 없을 것이라는 나의 철학을 굳건하게 믿어준 사람은 아내뿐이었다. 기술을 배우러 일본으로 가자고 했을 때 아내가 나의 생각을 전폭적으로 믿어 준 것이 가장 큰 의지가 되었다. 세상을 살아가면서 몇 번의 커다란 전환기를 겪을 때마다 아내는 내 판단을 믿고 지지해 주었다. 그래서 더 큰 책임감을 갖고 일을 추진할 수 있었고 더 좋은 결과가 오지 않았나 생각한다. 주위의 모든 사람이 반대하는 와중에 유학을 떠날 때는 사실 확신 반, 오기 반이었다. 지나고 나서 생각해 보니 일본 유학 시절을 실패하지 않고 성실하게 마무리할 수 있었던 가장 큰 동기는 그런 나를 믿어 준 아내를 실망시키지 않아야 한다는 마음이었다.

 세상에 백 프로 확실한 것이 있을까? 지금도 직원들이나 제자들과 어떤 행사를 기획할 때면 반드시 그중에는 안 되는 이유를 들며 반대 의견부터 말하는 사람들이 있다. 그들에게 이런 얘기를 한다. "처음 하는 일이기에 결과는 누구도 모른다. 잘되고 안 되는 확률은 반반인데 일단 해보면 뭐가 문제이고 뭐가 부족한지를 알게 된다. 그럼 내년에 이 행사를 할 때는 부족한 부분을 고쳐서 할 수 있을 것이다. 그러나 당신 말대로 안 된다고 하고 안 한다면 언제나 이 행사는 지금껏 시도한 적 없는 첫 번째 행사가 돼 버린다."

개문발차: 가능성을 보고 떠나다

　일본으로 유학길을 나설 때는 어떤 기술을 배워야겠다고 뚜렷하게 목표를 세우지는 않았다. '어떤 기술을 배워 와야 우리나라에서 유용하게 써먹을 수 있을까?'라는 생각은 일본에 가서 일본 현지 사정을 봐 가면서 결정하기로 하고 일단 비자를 받았다. 진로를 확실히 정하지 않은 데는 나 나름의 생각이 있었다.
　세상이 너무나 빨리 변하고 있었다. 마치 해안 마을의 아침 연무처럼 미래는 한 치 앞도 내다보기 어렵게 뿌연 모습으로 내 앞에 있었다. 그런 불확실한 상황에서 처음부터 너무 단호하게 방향을 결정하고 떠나면 그 결정에 얽매여 다른 좋은 부분을 간과하거나 일부러 무시하는 경우가 있을 수 있다고 생각했다. 그래서 우리보다 조금 앞서 있는 선진국에 가서 어떤 기술이 어떻게 발전해 있고 그 직업의 장래성을 보고 결정하기로 마음을 먹었던 것이다.
　물론 염두에 둔 직업군 중에서 몇 가지가 있었다. 그중에서 제일 첫 번째가 제과·제빵 기술이었다. 하지만 되도록이면 유연하게 생각하려고 노력했다. 그 밖에 자동차, 안경, 인테리어, 보석, 요리도 관심이 있었는데 일본어 학교 2년 동안 이리저리 비중을 따졌을 때 가장 장래가 밝게 생각됐던 것이 역시 처음에 마음먹었던 제과·제빵이어서 그쪽으로 진로를 결정하게 되었다.

돈이 없어도 꿈은 꿀 수 있다

유학을 떠나기 전에 이런저런 준비를 하다 보니 막상 유학을 떠날 때는 호주머니에 달랑 100만 원밖에 없었다. 당시 환율로 20만 엔 정도 되었는데 일단 가서 모든 것을 해결하자는 생각으로 떠났다.

처음 2년간 일본어 학교에 다니며 일본어 공부도 하고 학비를 벌었다. 하루 4시간 수업을 마치고 알바를 했는데 시급 600엔에 8시간을 일하면 4,800엔을 손에 쥐었다. 자세한 계획은 세우지 않고 갔었기 때문에 이 시기에 어떤 공부를 할지 알아보았다. 결국 아무리 세상이 변해도 사람은 먹어야 한다는 불변의 진리가 장사하는 데 제일 큰 비전이라 생각하고 동경제과학교에 제일 마지막 차수로 들어갔다.

지금 돌이켜 보면 말도 안 되는 무모한 생각이었지만 그때는 그만큼 패기도 있었고 뭐든지 할 수 있다는 자신감으로 똘똘 뭉쳐 있었던 것 같다. 아니, 내 말만 믿고 이 먼 곳에 따라와 준 내 아내와 한국에 두고 온 아들 선호를 생각하면 난 약해질 수 없었다. 사람 사는 동네가 다 그렇지 별 것 있겠느냐는 조금은 막무가내식 용기가 일본 유학 생활 내내 나를 지탱해 주는 힘이었다.

두 사람의 매달 등록금 7만 엔과 한 달 집세 4만 엔을 합친 11만

엔만 벌어 놓으면 세상이 내 것같이 아무 근심걱정 없었던 것이 유학 초창기의 솔직한 심정이었다. 여담이지만 몇 년 후에 과일장사 아르바이트로 한 달은커녕 하루에 10만 엔을 벌어도 감사하는 마음보다는 이렇게 벌어서 한국에 가서 가게라도 장만할 수 있을까 하는 긴박감으로 마음이 황폐해지는 경험을 하면서 초심을 잃지 말아야 한다는 생각을 하게 되었다.

꿈을 향해 돈을 모으다

일본에 온 지 사흘째 되던 날, 지인의 소개로 잠시 한국으로 볼일

보러 떠난 학생의 대타로 술집에서 컵 닦는 아르바이트를 했다. 오후 5시부터 새벽 4시까지 11시간 동안 컵을 닦는 일이었는데 이 일이 일본에서 생활하면서 했던 수많은 아르바이트 인생의 첫걸음이었다. 일도 힘들었지만, 일본에서 처음 일한다는 긴장감 때문이었는지 11시간 동안 손은 움직이고 있어도 머릿속은 텅 비어 있다는 감각을 처음 경험했다.

새벽에 일이 끝나고 밖으로 나오면서 그제야 허리가 아프고 걸음이 잘 걸어지지 않는다는 것을 느꼈다. 지친 몸을 이끌고 아무도 없는 플랫폼에 앉아 첫차를 기다리는 심정이라니! 불과 15일 만에 완전히 다른 세상을 겪으면서 느꼈던 그 막막함은 30여 년이 지난 지금까지도 생생하다. 하지만 원래 아르바이트를 하던 학생이 돌아올 때까지 일주일 동안 컵을 매일 11시간씩 닦는 일을 해 내고 나니 무슨 일을 해도 할 수 있겠다는 자신감이 생기기 시작했다. 그렇게 첫 아르바이트 경험은 일본에서의 생활을 마치고 한국으로 돌아오는 날까지 나를 지탱해 주던 커다란 버팀목이 돼 주었다. 인생은 참으로 아이러니하다.

술집 아르바이트 대타 일이 끝나는 날 주방장이 나를 불러 놓고 나처럼 열심히 하는 사람은 처음 봤다며 자신의 친구가 맡은 도로와 공원을 관리하는 조경사업 일을 소개해 줬다. 아직 일본어 학교 수업이 시작되지 않아서 여유가 있었던 터라, 그다음 날부터 새벽에 나가 도로 청소와 공원에서 풀 깎는 아르바이트를 시작했다.

온종일 도로에서 청소하는 날은 중앙 분리대에 있는 나무에서 떨어진 분진이 얼굴에 묻어서 공원 수도의 찬물로 얼굴을 씻어도 자국이 남아 거뭇거뭇한 채로 집에 돌아오고는 했다. 거울을 보면 거지도 그런 상거지가 없었다. 나는 남자라 공원에서 예초기로 풀을 깎고, 아내는 도로에서 청소를 했는데, 점심시간에는 모두 공원에 모여서 같이 점심을 먹었다. 다른 사람들은 도시락집에서 따끈하게 데워진 도시락을 사다 먹었는데 우리는 한 푼이라도 아끼려고 한국에서 가져간 알루미늄 도시락에 점심을 싸 와서 먹었다. 비 오는 날에도 우비를 입고 작업을 하다가 다리 밑에 앉아서 차디찬 도시락을 먹곤 했는데 그럴 때면 참으로 처량한 마음이 들었다.

지금도 일본에 가면 간혹 전철을 타고 타마가와 강가에 있는 그 공원을 지나갈 때가 있는데 전철 창문으로 보이는 공원에서 일하고 있는 사람들을 보면 옛날 생각이 나면서 감회가 새롭다. 그나마 그런 아르바이트 자리도 일본어 학교의 수업이 시작되면서 할 수 없게 되었다. 하지만 원체 들고 간 돈이 없다 보니 돈이 되는 일이라면 부족한 시간을 쪼개 뭐든지 닥치는 대로 해야만 했다.

한국에서 온 타일 기술자?

같은 동네에 사는 유학생의 소개로 H라는 양변기 설치 회사에서 일을 하게 되었다. 매일 있는 일이 아니어서 학교 다니는 데 그다지

지장이 없었고 일당도 다른 일보다 3배 정도 높아 최고의 아르바이트라고 할 수 있었다. 한국에서 온 타일공으로 소개를 하고 입사했는데 타일은 남이 붙여 놓은 것만 봤지 한 번도 타일 붙이는 것을 구경해 본 적이 없었으니 결론은 신분을 속이는 것이었다. 불안한 마음에 한국에 있는 지인에게 타일 붙이는 책을 부쳐달라고 부탁해서 읽어 보았다. 하지만 타일 붙이는 일은 손으로 하는 기술이다 보니 책만 읽어서는 이해할 수 없는 부분이 많았다.

그때 당시는 일본도 화장실 문화가 쭈그리고 앉는 좌변기에서 걸터앉는 양변기로 교체되는 시기라 주문이 제법 많이 들어왔다. 회사에서 작업 도구와 공구를 실은 차 한 대를 줬고, 작업 전날 사장이 공사할 현장 주소를 불러 주면 그것을 한글로 받아 적고 나중에 지도를 보면서 꿰 맞춰가는 식으로 장소를 찾았다. 그래도 불안해서 한밤중에 미리 출발해 현장에서 쪽잠을 자다가 아침에 사장이 오면 일을 시작하는 방법으로 한 번도 실수하지 않고 일을 할 수 있었다. 워낙 고임금이라 하겠다고 하긴 했지만, 혹시나 타일 붙이는 일이 들어올까 봐 늘 불안했다. 다행히도 타일 붙이는 작업은 없었고 단순하게 재래식 화장실을 양변기로 교체하는 일만 있어서 한숨을 돌렸다.

처음 걸린 타일 일은 조그마한 한의원의 화장실 변기를 교체하는 일이었다. 변기 설치를 마치고 마지막에 모자이크 타일을 붙여야 했는데, 사장이 사다 준 타일 박스를 뜯어본 순간 타일들이 종이에 붙어 있는 것을 보고 엄청 당황했다. 어떤 쪽이 위인지 알 수가 없었기 때문이다. 할 수 없이 설마 종이에 붙은 쪽이 아래일 리가 없다고 생각하고 종이를 위로 해서 붙였는데 나중에 알고 보니 반대로 잘못 붙인 것이었다. 그래도 공사현장이 작아서 얼렁뚱땅 넘어갔다.

하지만 얼마 지나지 않아 운명의 날이 오고야 말았다. H화원이라는 일본 굴지의 회사에서 자사 건물 6층과 7층을 꽃꽂이 학원으로 만들면서 화장실을 개조하는 공사를 맡긴 것이다. 타일도 이탈리아에서 수입한 최고급 타일이었는데 무게가 무거워서 바르면 흘러내리기 일쑤였다. 더군다나 나 혼자 하는 작업이라 어찌하면 좋을지 정말 난감했다. 약속한 공사 기한은 다 돼 가는데 대체 언제 완성될지 모르다 보니 집에도 안 가고 혼자서 매일 철야를 해야 했다.

화장실에서 잠깐 쪼그려 자다가 눈뜨면 다시 작업하는 식으로 하루 24시간을 화장실에서 살다시피 했다. 회사 건물이라 저녁에 회사 문을 닫으면 나도 나가야 했지만 상황이 상황인지라 혼자 숨어 있다가 경비원이 문을 닫고 나가면 밤새 몰래 공사를 하는 식이었다. 엉터리일망정 얼추 타일도 다 붙이고 메지까지 다 넣은 뒤 마지막으로 변기를 놓는 작업을 하면서 변기 밑에 붙이는 플라스틱 파이프를 도치 램프로 열을 가해 구부리는 작업을 하고 있었다.

그때 갑자기 화장실 천장 위에 있는 화재 감지기가 따르릉 하며 울리기 시작했다. 새벽 2시경이었다. 나는 당황해 어쩔 줄 모르고 있는데 갑자기 소방차 사이렌 소리가 들리면서 몇십 대나 되는 소방차가 건물 아래에서 경광등을 번쩍거리면서 모여들었다. 6층 화장실에서 그 광경을 내려다보고 있던 나는 이제는 큰일 났구나 하는 생각에 머릿속이 하얘졌다. 불난 것이 아니고 감지기 문제라 한 번 난리치고 소방차는 물러갔지만 건물 화재 담당 직원이 잠자다 말고 불려 나와 엄청 화를 냈다. 결국 회사는 20여 일 동안 했던 공사비를 못 받게 되었고, 나는 회사에 면목이 없어 일을 그만두었다. 아무것도 모르는 일을 어떻게 그렇게 했는지 지금 생각해도 정말 아찔하다.

남의 일을 내 일처럼 한 결과

양변기 회사 일을 그만두고 한동안 의기소침해져 있는데, 우에노에 있는 S원이라는 전통 있는 불고기집에서 설거지하는 아르바이트 자리가 났다고 해서 찾아갔다. 하도 일이 힘들다 보니 설거지할 사람이 없어서 그동안 주방 직원들이 돌아가면서 그릇을 닦았던 터라, 새로운 설거지 알바생이 나타나자 모두 환영하는 분위기였다.

아르바이트가 가능한지, 무슨 일을 어떻게 하는지 물어보러 간 것이었는데 그날부터 바로 그릇 씻는 일에 투입되었다. 원체 유명한 불고기집이라 산더미처럼 밀려오는 그릇들 속에서 저녁 7시부터 새벽 2시까지 허리 한 번 펼 겨를 없이 그릇을 닦았다. 일이 끝나고 퇴근해서 집에 갈 때는 이미 버스나 지하철이 끝난 시간이라 택시비가 지급되었지만 그 돈을 아끼느라 우에노에서 신주쿠까지 2시간을 걸어서 귀가했다. 비록 몸은 천근만근이어도 머리 쓰지 않고 단지 그릇만

씻는 단순 작업이 얼마나 마음이 편한지 그때 알았다.

  그러나 설거지를 하면서도 마음에 걸리는 일이 한 가지 있었다. 불고기를 담아 내 가는 접시의 접힌 부분이 오랫동안 사용하다 보니 간장물이 띠처럼 동그랗고 노랗게 물들어 있었다. 그것이 늘 마음에 걸려서 한 개를 시험 삼아 닦아 보니 시간이 오래 걸려서 그렇지 세제를 듬뿍 발라 요령껏 닦으면 말끔해지기는 했다. 틈이 날 때마다 한두 개씩 닦아도 접시가 워낙 많다 보니 전부를 닦기는 쉽지 않았다.

  아르바이트 마지막 날, 일찌감치 일을 마치고 주방장에게 얘기를 한 뒤 주방 한 구석에서 불고기 접시를 닦았다. 몇 시간을 앉아서 노란 띠를 전부 닦아 내니 결국에는 모든 그릇이 하얗게 반짝거렸다. 늘 마음에 걸렸던 숙제 하나를 풀었다는 성취욕이 얼마나 기뻤던지! 월급날 아르바이트비를 받으러 다시 가게에 갔더니 사장님이 일개 아르바이트생인 내게 그 집의 명물 불고기를 먹고 가라고 권했다. 사장님은 아르바이트할 곳이 없을 때 오면 정원에 상관없이 언제라도 주방에서 일을 시켜주겠다고 했다.

  세상사는 모두 자기가 하기에 따라서 보람을 찾을 수 있고, 결과 또한 여러 가지 스펙트럼으로 존재한다는 귀한 경험을 하게 되었다. 이 경험은 나중에 빵집에서 일할 때도 큰 도움이 되었을 뿐 아니라 인생을 살며 아무리 힘들어도 그 힘든 것을 이겨 내고 꾸준히, 평생을 빵이라는 외길을 걷게 하는 원동력이 되었다.

도쿄에서 가라오케 점장이 될 줄이야

　사실 설거지 일을 그만두게 된 건 돈을 더 주는 다른 아르바이트 자리를 구했기 때문이었다. 같은 교회를 다니는 후배가 내가 기타를 잘 친다는 것을 알고 새로 문을 연 어떤 술집이 기타 치는 사람을 구한다며 소개해 주었다. 시급으로 계산하면 도저히 손에 넣을 수 없는 거금이었다. 술집의 기타 반주자라는 일이 무엇인지도 모르고 이 세상에 불가능한 일은 없다는 생각으로 도전했다.

　그러나 해보니 그게 아니었다. 세상에는 할 수 없는 일도 있었다! 사실 제아무리 기타를 잘 쳐도 손님들이 부르는 일본 노래를 전혀 모른 채 기타 반주를 한다는 것은 크나큰 무리였다. 약 한 달 동안 술 취한 손님들 상대로 기타 반주를 하다 보니 체중이 10kg 정도 **빠졌**다. 육체적인 고생이 문제가 아니었다. 나로 인해 손님들이 다시 방문하지 않을까 하는 게 가장 큰 걱정이었다.

　그때 마침 점장이 사장하고 안 좋게 가게를 그만두었다. 나는 이때다 싶어 사장을 찾아가 부탁했다. 기타 반주는 자신이 없으니 가라오케 기계로 반주를 하고 내가 점장을 하면 어떻겠느냐고 물어봤다. 그동안 혼자 애를 써가면서 기타 반주하는 모습이 가상하게 보였는지 흔쾌히 승낙해 주었다. 그렇게 일본 술집에서의 점장 생활이 시작되었다. 지금 생각해 보면 얼토당토않은 무모함이라 얼굴이 붉어진다. 하지만 당시에는 오로지 앞만 보고 달리는 코뿔소 같은 심정이었다.

지금도 그렇지만 그 당시도 나는 술, 담배를 하지 않아서 일본 술집이라는 곳엔 처음 들어가 보았고 더더군다나 술집에서 일한다는 것은 생소한 일이었다. 하지만 성실을 기본으로 정말 열심히 점장 일을 배우면서 일했다. 가게도 어느 정도 안정돼 가고 나도 점장 일이 익숙해져 갔다. 통장에 제법 돈도 모이고 일본어도 익숙해지자 일본 생활이 눈에 들어오기 시작했다.

술집이다 보니 초저녁에는 손님이 없어 4층에 있는 가게에서 창밖을 내다볼 때가 많았는데, 바로 보이는 곳에 조그마한 트럭에 수박을 한 가득 싣고 와 판매를 하는 일본인 부부가 있었다. 장사가 제법 잘 돼 보였다. 관심이 있다 보니 과일은 꼭 그 부부의 트럭에서 샀다. 그러다 보니 자연스럽게 그 부부와 친해졌고, 나도 과일 장사를 하고 싶다는 생각을 하게 되었다. 부부의 과일 트럭이 있던 장소는 우에노였는데 나는 집과 가까운 신주쿠에서 해야겠다고 생각하고 어느 날 모아 놓은 돈으로 덜컥 작은 트럭 한 대를 샀다.

하지만 세상에 우연이 어디 있을까? 무모해 보였던 그 결정이, 가난으로 상처 받은 소년이 장사꾼으로 성장하는 길로 이어져 있었다는 것을 나는 어렴풋이 알고 있었는지도 모른다.

2장

장사의 길

장사의 길

첫 번째 장사 '몽마르죠'

  80년대 많은 사람이 감히 생각도 못 할 때, 내가 일본에 가서 기술을 배워 미래를 대비해야겠다고 결심을 할 수 있었던 것은 대학을 다니면서 많은 현실 경험을 했기 때문이었다.

  당시 입시제도는 전기와 후기로 나뉘어 있었는데 내가 전기에 지원했던 곳은 심리학과였다. 하지만 전기에서 낙방하고 후기 대학을 지원하면서 나는 심리학과는 전혀 동떨어진 K대학교 경제학과에 응시했다. 하고 싶은 전공과는 상관없이 전기에 떨어지고 후기 대학에 가려면 적어도 상대, 법대 정도는 들어가 줘야 그나마 체면이 서는 것이 그때의 분위기였다.

  전기 대학에 떨어지고 후기냐 재수냐를 두고 고민하던 내게 어머니가 말씀하셨다. "재수한다고 해서 다음 해에 다시 그 대학에 입학한다는 보장도 없지 않느냐. 비록 후기 대학이라도 네가 사회에 나갈 때까지는 학교 4년, 군대 3년, 합해서 7년이란 시간이 흐른 뒤일 텐데, 후기 대학이 지금은 전기 대학에 비해서 격이 조금 떨어지는 것처럼 보여도 시간이 흐르면 좋은 대학이 될 것이다. 남자의 1년이 얼마나 소중한데 그 1년을 재수로 허비하려 하느냐. 그 시간에 사회에 진출해서 귀중한 사회경험을 하는 것이 좋겠다." 어머니의 말씀을 듣고 정신이 번쩍 난 나는 재수 대신 마음에 차지 않았던 후기 대학에 입학하기로 결정했다.

지금 이 나이가 되고도 가끔 진로를 두고 고민하고 있을 때 툭 던져 주시는 어머니의 조언 한마디로 고민을 해결할 때가 많아 늘 감사하고 자랑스럽게 생각한다. 60이 넘어서 석사 공부를 하시고, 70이 가까운 나이에 조리사 시험에 합격하신 어머니 덕분에 나도 늦은 나이에 석·박사 공부를 했다. 주위의 나이 많은 제자에게 대학원에 가서 공부하라고 격려할 수 있는 것도 어머니의 영향이 크다. 나는 어머니가 여태껏 살아오시면서 몸소 보여주신 삶의 철학을 되도록 따라가려 노력한다.

이제 나이를 먹고 많은 시간이 흘러 이렇게 자랑스레 말하고 있지만 당시는 전기 대학에 입학한 다른 친구들과 나 자신을 비교하며 의기소침해 있었다. 어차피 원하던 대학에 못 간 바에야 조금이라도 빨리 사회, 경제 경험을 해보고 싶다는 마음이 들었다. 대학 첫 등록금을 친구 아버지에게 빌렸던 기억이 죽기보다 싫을 정도로 자존심이 상했기에 나는 돈 버는 현장으로 나 자신을 내몰았다.

학비를 벌기 위해서 대학교 1학년 여름방학 때 고향 집에서 멀지 않은 전라북도 변산 해수욕장에서 술집을 열었다. 프랑스 파리의 '몽마르트르'와 '목마르죠?'를 그럴듯하게 합쳐 '몽마르죠'라고 술집 이름을 붙였는데 몇몇 분이 일부러 술집에 들어와서 목이 몽으로 잘못 쓰여 있다고 알려주고 가기도 했다. 혼자서 밤에는 술장사를 하고 낮에는 음료수를 팔다 보니 잠을 제대로 잘 수 없었지만, 처음 하는 장사라 힘든 줄 모르고 신이 났다.

당시는 멋모르고 시작한 장사였지만 지나고 보니 계절 장사인 해수욕장 장사는 인생 교육에서 최고의 과정이었다. 장사도 힘든데 취객들마저 외상을 하겠다고 고집을 부렸다. 뻔히 술값을 안 내겠다는 심사였기에 술값을 받으려고 싸움도 불사했는데 세상을 살아가기가 얼마나 어렵고 힘든 것인지를 19살 어린 나이에 해수욕장에서 술집을 하며 몸으로 경험했다.

지금도 대학에서 학생들을 지도하면서 학창 시절에는 꼭 아르바이트를 해 보라고 권한다. 부모님 부담을 덜어드리기 위해 자기 용돈 정도는 아르바이트를 해서 스스로 벌어 쓰면 좋기도 하지만, 학창 시절에 한 사회 경험은 나중에 힘든 제빵 일을 할 때 반드시 그 이상으로 도움이 되기 때문이다. 학교에서의 공부는 비싼 등록금을 내면서 배우지만, 아르바이트는 졸업하고 겪을 사회 공부를 미리 하면서 돈도 받는 것이니 그 얼마나 자기에게 이득이 되는 일인가 말이다! 학교생활이 예고편이었다면 사회생활은 본방이었다. 해수욕장에서 장사를 하면서 많은 것을 깨달았고 목표했던 학비도 벌었다. 하지만 그 전까지는 듣지도 보지도 못했던 일들을 경험한 것이 나중에 나의 삶의 고비마다 얼마나 중요한 역할을 할지를 그 당시에는 전혀 예측하지 못했다.

두 번째 장사 '보험영업'

방학이 끝나고 학교로 돌아온 나는 돈을 벌기 위해 아르바이트를 구하느라 이리저리 돌아다녔다. 하지만 지금처럼 아르바이트가 보편화돼 있지 않았던 시절이라 마땅한 자리가 없었다. 학생 신분으로 할 만한 일이라고는 새벽에 하는 신문 배달 정도가 다였다.

그러다 우연히 신문 광고를 보고 찾아간 곳이 H생명보험회사 남대문 영업소였다. 사실 학생 신분이라 자신이 없었지만 다행히도 근무해 보라고 해서 수업이 없는 날만 회사에 나갔다. 나중에 안 사실이지만 당시엔 보험에 대한 인식이 낮아 보험계약이 잘 성사되지 않았기 때문에 영업사원을 많이 뽑아서 "연고 보험계약"을 독려하는 영업이 많았다. 영업사원에게 친척이나 지인 등 연고가 있는 사람들을 대상으로 보험을 계약하게 하다가 더는 신규 계약이 없으면 알아서 퇴사하도록 한 후 또 새로운 영업사원들을 모집하는 방식이었다.

영업 경험도 없는 사람이 방문 판매로 계약을 이끌어 내기는 결코 쉬운 일이 아니어서 실적이 없으면 대부분 알아서 그만두었다. 처음에는 나도 그런 케이스로 나오라고 했던 것 같은데 나를 담당하는 지부장이 어떤 이유에서인지 모르겠지만 출근하면 꼭 나를 방문 판매 현장으로 데리고 다니면서 영업하는 모습을 견학하게 했다. 사실 연고로 보험계약을 해 오라고 했다면 딱히 누구한테 부탁할 사람도 없는 나로서는 바로 그만두었을 것이다. 녹음기가 귀했던 시절이라 나는 지부장 뒤에 서서 지부장이 손님과 어떤 식으로 대화를 풀어 가는지를 듣고 기록한 뒤 집에 돌아와서 대화 내용을 열심히 분석하고 혼자서 대화 연습을 했다.

어느 정도 시간이 지나자 지부장이 하는 영업 형태를 평가할 수 있게 되었고 나라면 이렇게 하겠다는 구체적인 방안이 떠올랐다. 그러자 내가 생각한 것을 현장에서 실험해 보고 싶어 몸이 근질거리기 시작했다. 지부장에게 이제는 혼자 영업을 다녀 보겠다고 얘기를 하고 수업이 없는 날에는 현장으로 가서 영업 활동을 시작했다. 보험계약을 따내기 위해서는 단독 주택보다는 가구들이 밀집해 있는 아파트가 좋았다. 하지만 아파트는 경비원들이 일일이 방문객들을 통제하기 때문에 영업사원들이나 잡상인들은 감히 들어가기 어려운 난공불락의 장소였다. 그러다 보니 지부장도 주로 산동네나 어려운 서민들이 사는 단독주택을 돌아다녔다. 영업 형태도 주로 본인이 불입한 금액 내에서 일정 부분 대출을 받도록 해 주는 약관 대출을 정식으로 대출이 가능한 것처럼 뭉뚱그려서 고객들을 모집했다. 당연히 나중에 보험을 해약하는 사고가 많이 발생했다.

당시 내가 구상했었던 영업 형태는 누구도 흉내 낼 수 없는 나만의 장점인 학생이란 신분을 이용하여 아파트에서 보험 영업을 하는 것이었다. 학생이어서 비교적 수월하게 아파트에 출입할 수 있었고, 가정마다 저축 실태를 조사하는 것처럼 접근해서 새로운 유형의 저축을 소개한다는 식으로 보험을 설명했다. 나중에 계약서에 도장을 찍을 즈음에야 보험인 줄 알아도 얘기하는 동안에 차도 얻어 마시고 학생 신분으로 열심히 등록금을 벌기 위해 노력하는 모습이 자기 자녀들과 비교되어서 차마 계약을 거절하지 못하는 점을 이용한 것이다. 즉 보험 상품을 판매하는 것이 아니라 나만의 장점인 열심히 사는 모습을 파는 것이었다. 그것이 지부장을 따라다니면서 내가 구상했던 영업 방법이었다.

간혹 생각대로 안 되는 경우도 많았지만 그래도 하나씩 성공해서 계약해 오면 지부장이나 주위 분들이 기특하게 생각해 주었다. 계약을 체결하면 그 집에 자주 찾아가서 인사를 드리고 어떤 때는 개인 심부름도 해 드리면서 계약자와의 관계를 거의 가족처럼 유지하려고 노력했다. 그런 인연으로 나중에는 자식만큼 친해졌고, 보험 계약이 안 돼서 힘들다고 하면 아는 사람들을 소개해 주어 강매로 계약을 체결해 줄 정도로 가까워져서 고구마 줄기처럼 계약자들은 늘어 갔다. 계약고가 늘어나니 나중에는 어린 나인인데도 지부장을 하라는 권유를 받을 정도로 능력을 인정받았다. 학교에 나가서 수업을 받아야 한다는 시간 제약 때문에 그 정도로 만족하고 열심히 활동하다가 2학년 여름방학 때 공군에 자원으로 입대했다.

세번째 장사 '원카바레'

1977년 6월 말, 만 36개월의 복무기간 중 1학년 때 받은 교련 혜택 덕분에 1개월을 감면받아 35개월 만에 제대를 했다. 제대하기 한 달 전에 제대 휴가를 나온 나는 다시 처음 장사했었던 변산 해수욕장 옆 격포에 있는 채석강에 가서 장사할 땅을 알아보았다.

한번 해수욕장 장사를 해보니 여름 장사는 어떻게 해야 돈을 벌 수 있는지 그 요령을 알게 되었다. 미리 돈을 벌지 않은 상태로 성수기를 맞으면 학생들이 방학하는 7월 말에서 8월 초까지 두 번 정도인 주말에 비가 온다거나 돌발 상황이 생길 경우 손님들이 해수욕장보다는 산 쪽으로 가는 통에 그해 여름 장사는 망하기가 십상이었다. 그래서 계절 장사하는 사람들 중에는 여름에는 해수욕장에서 장사를 하고 가을과 겨울과 봄에는 내장산 등을 돌아다니면서 장사를 하는 사람이 많았다.

나는 군대에 가기 전에 해수욕장 장사를 하면서 배운 것을 바탕으로 미리 땅을 빌려 전전세를 해서 돈을 벌고 들어가는 방법이 최선의 방법이라고 생각했다. 제대 휴가를 나온 김에 해수욕장에 내려가 길가에 붙어 있는 자리 중 장사하기에 가장 적합한 땅을 찾았다. 군청에 가서 지적도를 발급받아 거기에 나와 있는 땅 주인의 주소를 보고 전주로 직접 땅 주인을 찾아갔다. 전역 전이라 군복을 입은 채였다. 주인에게 제대한 후 복학하려면 등록금을 벌어야 한다고 사정했다. 땅 주인은 처음 제시한 임대료의 반도 안 되는 40만 원에 계약서를 써 주었다.

약간의 계약금만 건넨 뒤 바로 격포로 돌아가서 내가 임대한 땅의 길가 쪽으로 땅을 4등분한 뒤 줄을 치고 부동산을 통해 각각 50만 원에 임대를 내놓았다. 입지가 좋은 땅은 바로 임대될 줄 알았는데 역시나 네 곳이 모두 임대되어 장사를 시작하기도 전에 이미 백여만 원이나 되는 돈을 벌 수 있었다. 당시에 내가 자취하고 있던 천호동 변두리에서 허름한 집 한 채를 살 수 있을 정도의 거금이었다.

앞쪽 땅을 빌려주고 남은 뒤쪽 땅에 당시에 유행했었던 고고장을 하려고 계획을 세우고 추진했는데 아직 제대한 처지가 아니어서 며칠씩 부대에 들어갔다 나와 보니 벌써 '축제'라는 다른 고고장이 들어와 있었다. 조그만 해수욕장에 고고장을 두 군데서 하게 되면 경쟁만 심해지고 그다지 이익도 남지 않을 것 같아 나는 부랴부랴 '원카바레'라고 간판을 바꾸고 영업을 시작했다. 어차피 천막을 치고 임시로 하는 장사라 업종이 뭐가 됐든 그다지 중요하지 않다고 생각한 것이다.

밤 장사다 보니 낮에는 종업원 하나를 주차장에 보내서 단체로 오는 손님들이 어느 호텔로 가는지를 파악하게 했다. 어두워지면 그 호텔에 종업원을 보내 입장료 무료에 맥주 몇 병을 서비스하는 식으로 후한 조건을 제시하고 단체 손님을 우리 가게로 유치하는 방법을 썼다. 가게 안이 손님이 없이 썰렁하면 들어오려고 하던 손님들도 망설이지만, 실내가 시끄럽게 판이 벌어져 있으면 다른 손님들이 부담 없이 들어온다는 것을 알았기 때문이다. 처음 경험했었던 '몽마르죠'와 비교하면 장족의 발전이었고 장사가 무엇인지 다시 한 번 알 수 있게 해준 귀중한 경험이었다.

하지만 경쟁업체인 축제가 밴드를 고용해서 생음악을 하는 바람에 나도 4인조 밴드를 고용할 수밖에 없었고, 그러다 보니 종업원이 10명을 넘게 되었다. 스물세 살의 어린 나이에 나보다 연상인 그들과의 합숙 생활은 돈 이상의 또 다른 경험이었다. 재미도 있었지만 어린 나이에 그들과의 갈등을 해결하는 문제도 만만치가 않았다. 그보다 더 힘들었던 것은 밤마다 다양한 형태의 취객들과의 이런저런 다툼이었다. 어린 나이에 감당하기에 버거울 정도로 어려운 경험이었지만 돈은 제법 많이 벌 수 있었다.

네 번째 장사 '아가페'

여름 장사가 끝나고 복학한 나는 그동안 벌어 놓은 돈으로 조금은 여유가 있었다. 하루빨리 그 돈을 이용해서 해수욕장에서 천막을 치고 임시로 하는 장사 말고 정식으로 식당을 열고 싶었다. 마침 청파동 S여자대학교 앞쪽에 2층 건물이 임대로 나와서 모던하게 인테리어를 꾸미고 '아가페'라는 상호로 경양식집을 열었다.

그때 경양식집에는 DJ들이 음악을 신청 받고 틀어 주는 DJ실이 있었는데 나는 DJ실을 천장에 띄워 우주선처럼 보이게 만들었다. 또, 주방을 안으로 넣지 않고 개방하여 손님들이 요리하는 모습을 볼 수 있도록 하였다. 당시에는 보기 드문 파격적인 인테리어였다. 오는 손님들의 구성도 학생이 대부분이었지만 효창공원이나 효창운동장에서 오는 데이트 손님도 제법 많았다.

그런데 호사다마랄까? 효창공원에는 부랑아처럼 떠돌아다니는 애들이 백 명도 넘게 우글거린다는 사실을 전혀 몰랐다. 장사하기 전에는 그런 문제가 있다는 것을 알 수도 없었다. 우리 건물 1층에 있는 분식집에는 경호원까지 놔두고 장사한다는 사실을 알고 기가 막혔다. 그렇지 않아도 개업한 지 며칠 되지 않았을 때 누군가가 와서 나한테도 경호원을 두라고 권유를 했다. 극장 같으면 몰라도 경양식집에서 경호원은 당치도 않은 소리라며 한마디로 거절했던 것이 화근이었다. 내가 학교에 가고 없으면 부랑아들이 가게로 들어와 자기들끼리 쌍욕을 하고 분위기를 험악하게 만들었다. 그러면 주위에 있던 여학생들이나 다른 손님들이 다들 놀라서 나갔다. 그러자 손님들이 점점 줄어들었다. 그렇다고 학교에 가지 않고 가게를 지킬 수도 없는 진퇴양난이었다.

대부분의 사람은 식당을 개업할 때 많은 손님을 유치하기 위해서는 맛있는 음식과 좋은 분위기가 최우선이라고 생각할 것이다. 나 역시도 그처럼 단순한 산술계산으로 시작했는데 확률상 0.001%도 생각하지 못했던 이런 문제로 가게를 하느냐 마느냐 하는 기로에 설 수도 있다는 것이 믿기지가 않았다. 지금까지 각양각색의 고생을 했어도 나름 계산한 대로 순탄하게 장사를 해 왔던 나에게 부랑아들의 행태는 커다란 충격이었다.

그러던 어느 비 오는 날, 의자 두 개를 면도칼로 그어놓고 가 버린 사람이 그중의 하나였다는 사실을 알고 나는 도저히 참지 못해 효창공원으로 뛰어 올라갔다. 이런 절호의 찬스에 한 번 쇼를 해야겠다고 마음먹은 나는 내리는 빗속에 웃통을 벗고 한 손에는 주방에서 급히 들고 나온 칼 한 자루를 들고 "우리 가게에 와서 의자를 못 쓰게 만든 놈이 누구냐?" 하면서 미친놈처럼 공원 여기저기를 뛰어다녔다. 그날 내 모습이 얼마나 흉흉하게 보였는지 그들은 그 후로 다시는 우리 가게에 오지 않았다.

골머리를 앓은 또 한 가지 문제는 주방장과의 갈등이었다. 그는 나이가 어리다고 나를 얕잡아 보고 음식 재료로 장난을 치곤 했다. 돈가스 만드는 고기를 거의 종잇장처럼 얇게 저며 그릇수를 채운 다음 추가로 사야 하는 고기를 취소하고 고깃집에서 돈으로 받기도 하고, 튀기는 기름도 내가 정해준 날짜보다도 며칠씩 연장해서 쓰고, 남는 기름은 재료상에서 돈으로 받았다. 주방장이 그만두면 새로운 주방장을 찾기가 어렵다는 이유로 그걸 못 본 체해야 한다는 사실도 장사를 어렵게 하는 또 하나의 원인이 되었다.

그때 나는 무슨 장사를 하든 간에 주인인 내가 기술이 있어야 한다고 생각했다. 또한 어떤 장사를 하든 적어도 얼마 동안은 그 업종의 말단에서 일을 하면서 그 업종을 두루두루 경험하지 않으면 이런 문제점은 늘 있을 거라는 것을 뼈저리게 느꼈다. 결국 직장 생활을 하다가 기술을 배워 기초부터 쌓아야겠다고 결정하게 된 이유는 이러한 장사 경험을 통해서 내린 최종적인 결론이었던 셈이다.

다섯 번 째 장사 '넝마주이'

여름 방학만 가까워지면 등록금을 벌어야 한다는 생각에 여러 가지 구상이 머리에 떠오르기 시작했다. 1978년 세계가 제2차 오일쇼크에 빠져 들면서 나라 경제가 어려워지고 모든 원자재 값이 폭등하기 시작했다. 자원을 수입해서 쓰는 우리나라에서 외채를 줄이는 여러 가지 방안 중에서 폐지를 재활용하자는 분위기가 사회 전반에 퍼져 있었다. 펄프를 수입하지 말고 폐지를 재활용하자는 어느 신문의 사설을 읽으면서 폐지를 모집하는 아르바이트를 여름 방학에 해 보자는 생각이 들었다. 그래서 나는 학교에 'K대 학생 폐지 재활용 모임'이란 서클을 학생과에 신청해서 만들고 학생들을 모집했다.

처음에는 어린이 여름캠프를 해 볼까도 생각했지만 경험도 없으면서 어린이들을 대상으로 캠프를 한다는 것은 너무 위험이 커서 생각을 바꿔 폐지 수집을 하기로 했다. 대부분의 가정에는 신문지나 학년이 올라가면서 쌓인 책들이 지저분하게 보관돼 있는데 이를 재활용하면 오일 쇼크 시대에도 맞고 등록금 버는 데도 도움이 될 것이라고 생각했다.

나를 포함해 학생 20명을 모집하고, 천호동에 있는 고물가게에 가서 여름 방학 동안만 학생들이 폐지 수집을 할 테니 리어카와 마대를 지원해 달라고 부탁했다. 이런 아이디어가 재미있었는지 고물가게 사장님은 흔쾌히 승낙해 주셨다. 다음 날부터 우리는 2인 1조로 폐지 수집에 나섰다. 우리가 작업할 장소를 알려 주면 고물가게 사장님이 그곳에 리어카 10대와 충분한 마대 자루를 주고 갔다.

우리는 집집이 돌면서 "외채를 이깁시다!"라는 내용의 전단지를 돌리면서 폐지를 모았다. 그냥 얻기가 미안해서 kg당 얼마로 사겠다고 전단지에 써 놓았으나 한여름 더위에 학생들이 땀을 뻘뻘 흘리면서 폐지를 모으겠다고 돌아다니는 모습이 안쓰러웠는지 대부분 가정에서는 그냥 주셨다. 어떤 집에서는 아예 다락에 잔뜩 쌓여 있는 별별 폐지를 우리보고 청소해 가라고 해서 득템하는 경우도 있었다. 점심시간이 되면 20명의 학생은 하던 일을 멈추고 한곳에 모여 중국음식으로 밥을 먹으면서 본인들의 무용담을 얘기하며 함께 떠들고 웃으며 즐거워했는데 이들의 모습에서 나는 한 가지 목표를 세우고 그 목표를 향해 달려가는 팀워크가 무엇인지를 깨달았다.

온종일 모은 폐지와 폐품을 산더미처럼 쌓아 놓고 전화를 하면 고물가게 사장님은 수집된 폐지를 가게로 싣고 가서 트럭에 앉은 채로 저울 위로 올라가 계량을 하고 그날 모은 폐지를 돈으로 계산해 주었다. 매일매일 모이는 돈의 액수가 많아질수록 20명의 열기는 더해져 갔다. 모인 돈은 20명이 공평하게 나눠서 등록금에 보태는 것을 목표로 하였다.

폐지를 모을 생각은 사실 쉽게 했었다. 국내 경기가 오일 쇼크로 어려워진 상황에서 학생들이 폐지를 모아 외채를 줄이는 데 미약하나마 이바지하고 그 결과로 우리는 등록금을 버는 아주 순진하게 '좋은 일'이라는 관점에서 시작했다.

무슨 일이건 착수하려면 종잣돈이 필요하지만 이 일은 전혀 종잣돈이 필요 없이 그냥 단순하게 첫날부터 돈을 벌 수 있는 가장 좋은 아이디어 상품이라는 생각이었다. 옛날 보험을 계약할 때처럼 아파트를 위주로 해서 폐지를 모으면 손쉽게 빨리 많은 양을 모으리라고 생각했다. 특히 아파트는 구조상 폐지나 폐품 등을 쌓아 놓기가 어려워서 우리가 가면 환영받으며 폐지를 모을 수 있으리라 생각했다.

막상 시작하고 보니 이것도 생각만큼 그렇게 단순한 일이 아니었다. 우리는 입구에서 경비원들한테 제지를 당해서 들어가 보지도 못하고 허무하게 발걸음을 돌려야 했다. 아파트마다 청소하는 아주머니들이 있는데 아파트에서 나오는 폐지는 그분들 몫이라는 것이었다.

잔뜩 기대하고 시작했던 첫 시도가 이런 이유로 무산되자 나는 엄청 당황했다. 나만 쳐다보는 학생들의 눈초리가 얼마나 부담스러웠는지 몰랐다. 이럴 줄 알았으면 내가 미리 답사를 해보고 시작했으면 하는 후회가 밀려왔다. 하지만 지금 당장 뭔가 다음 대책을 마련해야 했다. 고층 아파트에서 일이 끝나면 두 번째 들르려고 생각했었던 잠실 시영 아파트로 코스를 바꿔서 폐품을 모으기 시작했다.

고층 아파트에서 기대했던 환영을 시영 아파트에서 받으며 첫날치고는 엄청난 양을 모을 수 있었다. 폐지를 광장에 잔뜩 쌓아 놓고 희희낙락 좋아하고 있는데 당시 길거리에서 흔히 보는 폐지 줍는 리어카 아저씨가 다가오더니 누구 허락을 받고 폐품을 모으느냐면서 마구 화를 냈다. 당황한 나는 이런 것을 하려면 누구 허락을 받아야 하느냐고 물어보았다. 리어카 아저씨는 자기들은 독점적으로 폐지를 모으기 위해 이 아파트 단지에 있는 노인정에 한 달에 얼마씩 돈을 내고 있다고 했다. 어이가 없고 기가 막혔다. 아저씨는 오늘 모은 것은 다 가져가도 좋지만 내일 또 오면 용서하지 않겠다며 인자한지, 무서운지 알 수 없는 표정을 지었다.

방금 전까지 온 세상이 우리 것인 양 신나게 웃고 떠들던 우리는 멍하니 서로를 바라보았다. 맥이 탁 풀린 나는 '내일부터는 어떻게 하지?'라는 걱정으로 머릿속이 하얘졌다. 이런 문제가 있다고 달랑 하루 만에 포기하기에는 너무 자존심이 상하고 나만 믿고 쳐다보는 후배들을 보기가 부끄러웠다. 우선 머리에 떠오르는 동네가 내가 사는 천호동밖에 없어서 일단 모은 것을 차에 실어 보내고 내일부터는 아파트는 포기하고 천호동 단독주택가에서 모이기로 하고 우리는 일단 해산했다.

집에 돌아오는 버스 안에서 마음속이 착잡했다. 처음 폐품 수집을 구상했을 때만 해도 간단하고 쉬운 일로 생각했었는데 세상사가 뭐가 이렇게 복잡하고 어려운지 한숨이 절로 나왔다. 다음 날 천호동에서 모인 우리는 리어카를 끌고 집집이 돌아다녔다. 일이 아파트보다는 힘이 들었지만 그래도 용기를 잃지 않고 전단지를 돌리면서 폐품, 폐지를 모았다. 각 가정에서 나오는 폐품, 폐지의 양이 아파트보다도 훨씬 많았다. 육체적으로 조금 힘이 들어서 그렇지 맘 편하게 모을 수 있어서 얼마나 즐거운지 몰랐다.

그런데 그게 아니었다. 골목에는 재건대라는 단체의 아저씨들이 있었다. 이 아저씨들은 어깨에 마대를 메고 꼬챙이를 들고 있어서 아파트에서 겪은 일은 무서움 축에도 들지 못했다.

처음에는 겁에 질려 대응을 못 했다. 그런데 얘기를 하다 보니 그분들은 쓰레기통에 있는 것만 수거해 가기 때문에 우리가 하고 있는 수집과는 종류가 달랐다. 우리가 오래 하는 것도 아니고 방학 두 달 동안만 한다고 하니 이해를 해 주셨다. 하지만 모든 분이 이해해 주는 것은 아니었다. 어떤 아저씨들은 우리가 모아 놓은 폐지를 빼앗아 가기도 했다. 일반 주택에서 폐지를 모으는 것도 쉬운 일이 아니었다. 그래도 이제는 갈 곳 없는 우리도 배수의 진을 치고 각자가 상황에 맞게 대처해 나가다 보니 조금씩 요령도 생겼다. 모은 폐품과 폐지의 양도 나날이 늘어나서 제법 통장이 두둑해져 갔다.

이 모든 상황을 사고 없이 이끌고 나가야 하는 내 입장은 죽을 맛이었다. 지금까지는 나 혼자만 잘하면 별 탈 없이 돈을 벌 수 있었지만 이제는 19명이나 되는 사람을 데리고 이들이 모두 등록금도 벌고 무사하게 완주할 수 있도록 이끌고 가야 하는 상황이 숨이 막힐 만큼 너무너무 힘이 들었다. 이들 앞에서는 자신 있게 웃으면서 아무 일도 아닌 듯이 열심히 앞장섰지만 없던 일로 하고 해산하고 싶은 마음이 굴뚝같았다. 하지만 이들에게 처음 시작할 때 내가 약속했던 말에 대한 책임감과 창피한 꼴은 당하지 말아야겠다는 일념으로 무사히 두 달 동안의 폐지 수집을 마쳤다. 목표로 했던 금액만큼 다 벌지는 못했지만 힘든 노동의 대가로 돈을 벌었다는 기쁨에 우리 학생 넝마단은 한 명의 탈락자도 없이 20명 전원이 까맣게 탄 얼굴로 닭똥 같은 눈물을 흘리며 해산했다.

  폐지 수집을 하는 두 달 동안 세상살이가 너무 힘들고 어렵다는 것을 새삼 다시 느꼈다. 그때까지도 쉽게 살아온 것은 아니었다. 하지만 마치 세상사가 양파를 까는 것처럼 한 꺼풀을 벗기면 좀 더 힘든 꺼풀이 새롭게 나타나는 것을 보면서 세상을 바라보는 시각이 한 꺼풀 벗겨지는 것을 느꼈다.

야쿠자와 과일장사

  많이 알려진 사실이지만 일본에는 야쿠자라는 폭력 조직이 있다. 지금은 어떤지 모르지만 내가 유학하던 때는 길거리에서 장사를 하면 반드시 야쿠자들한테 자릿세를 내야 했다. 물론 나 역시 처음 길거리에서 자리를 잡을 때 야쿠자 사무실에 불려가 일주일에 얼마라는 자릿세를 요구받았고 그대로 낼 수밖에 없었다. 나중에는 그들과 꽤 친해져 자릿세를 내지 않고 장사를 하게 되었지만, 자리를 잡을 때까지는 많은 우여곡절이 있었다.

그런데 우스운 것이 자릿세를 낸다고 해서 그들이 나한테 해 주는 것은 아무것도 없다는 사실이다. 오히려 신주쿠처럼 구역이 정해져 있지 않은 곳에서는 툭하면 내가 장사하는 장소에서 가까운 곳에 있는 야쿠자 사무실로 끌고 가서 겁을 주고는 했다.

돈을 내라는 의미였겠지만 이런 식으로 이쪽저쪽에서 봉 노릇을 하다가는 죽도 밥도 안 되겠다 싶어 사무실로 불려 가서 겁박을 당하면 막무가내로 버티기 시작했다. 한국에서 해수욕장에서 장사할 때나 S 여대 앞 청파동에서 장사할 때도 이런 친구들한테 하도 시달림을 받아서 낯설지는 않았다. 그러나 야쿠자 사무실에 불려 가 온몸에 문신하고 훈도시[1]만 차고 있는 그들의 모습을 보면 나름 담력이 세다고 자부하는 나로서도 겁이 났다. 그래도 설마 나를 어떻게 하겠느냐는 심정으로 버텼다. 이런 나의 기가 통했는지 어쨌는지는 모르겠지만 나중에는 서로 친하게 돼 쉽게 장사할 수 있었다.

장사 중에서 특히 어려운 장사가 길거리에서 하는 장사다. 나도 마

---

1) 일본의 성인 남성이 입는 전통 속옷

찬가지였다. 내 자리에 누군가가 자동차를 세워 놓고 가 버리면 그 차가 빠져나갈 때까지 장사를 하지 못해 안절부절 애를 태웠다. 어느 날은 한 사람이 내 자리에 타코야키 차를 두고 떡하니 장사를 하고 있었다. 이곳은 내가 장사하는 자리라고 얘기하자 그는 대꾸도 하지 않고 어디론가 가 버리더니 얼마 후, 자기 뒤를 봐주는 야쿠자와 함께 돌아왔다. 나도 하는 수 없이 내 뒤를 봐 주는 야쿠자를 불렀다.

야쿠자 둘이서 야쿠자 특유의 일본말로 한참 뭐라고 얘기를 하더니 우리에게 말했다. 이 자리가 시끄러우니 이곳에서 두 사람 다 장사를 안 했으면 좋겠다는 거였다. 처음에 내가 이 자리가 마음에 있어도 쉽게 결정을 못 하고 다른 곳을 돌아다니며 망설였던 이유는 자리가 너무 좋아서 쉽게 다른 야쿠자나 장사꾼의 타깃이 되지 않을까 하는 우려 때문이었는데 그것이 마침내 현실이 된 것이다. 정말로 난감했다. 그곳에서 장사를 시작한 지 몇 달이 지난 터라 단골이 생기고 수입도 만만치 않게 상승해 가고 있었다. 그런 곳에서 장사를 하지 못하게 된다고 생각하니 어찌해야 좋을지 순간 아무런 생각이 나질 않았다.

순간 이런 상황에서 이기는 방법은 우기기와 버티기밖에 없다는 생각이 떠올랐다. 야쿠자들은 이곳의 중요성도 모르고 단지 시끄러워서 이 순간을 모면해 보려고 생각했는지 모르겠지만 나로서는 하늘이 무너지는 사건이었다. 나는 벌써 이곳에 자리를 잡은 지 몇 달이 되었고 이 사람은 오늘 처음 나타났는데 이 사람 때문에 내가 이

곳을 포기해야 한다는 것은 말도 안 된다고 우기기 시작했다. 보통 일본 사람들은 야쿠자들을 두려워하기 때문에 야쿠자들이 얘기하면 한마디도 못 하고 말을 듣는다. 그런데 감히 외국인이 바득바득 우기니 그들이 오히려 놀란 얼굴로 나를 쳐다보았다.

한번 열이 오르니 거침이 없었다. 이번에는 타코야키 장사를 하는 일본 사람을 향해서 빨리 자리를 비우라고 언성을 높였다. 그 사람은 놀라서 자동차 시동을 걸고 달아나 버렸다. 야쿠자들은 내 행동이 어이없다는 듯 멀뚱히 쳐다만 보고 있었다.

일단 사태가 수습되자 야쿠자들에게 내 행동에 대해서 사과를 했다. 야쿠자들이 돌아가고 이전처럼 장사를 시작했지만 한동안은 혹시 무슨 일이 있을까 봐 은근히 걱정했다. 그러나 그 이후로 아무 일도 없었다. 오히려 그날 일로 그곳이 내가 장사하는 장소라는 인식이 주변 사람들에게 각인되었다. 아마도 그 야쿠자들은 나를 정신이상자라고 생각하지 않았을까?

어느 정도 그곳에서의 장사가 안정되자 그곳은 아내에게 넘겨주고 나는 트럭을 한 대 더 사서 신주쿠 시청 바로 앞에 새로운 장소를 잡고 장사를 시작했다. 분점을 낸 것이다. 트럭 두 대로 하는 과일 장사는 정말 잘되었다. 마침 우리가 장사하던 그 시점이 일본 경제의 버블이 꺼지기 직전이어서 술집들은 장사가 잘되었고 신주쿠 가부키쵸는 불야성을 이룬 네온사인만큼이나 활기차게 돌아가고 있었다.

길에서 트럭으로 하는 장사는 불법이다 보니 늘 순조롭지는 않았다. 경찰들한테 무단주차로 시달리는 한편으로 야쿠자들과 이런저런 문제들로 얽히다 보니 하루하루가 늘 살얼음을 걷는 것만 같았다. 일본을 떠나 올 즈음에는 긴자 쪽에서는 경찰들이 길거리 장사 하는 사람들을 쫓아내서 길거리 장사가 완전히 불가능해졌다는 소문이 들렸다. 그런 조치가 언제 신주쿠에도 내려질지 몰라 나는 불안한 마음으로 하루하루를 보냈다.

하지만 늘 명심했었던 것이 하나 있었다. 나는 일본에 물고기를 얻으러 온 것이 아니라 물고기 잡는 법을 공부하러 왔다는 사실이었다. 많은 유학생이 일본에 와서 학교를 다니기 위해 아르바이트를 시작했다가 두 가지를 동시에 잘하기가 힘들다 보니 나중에는 아르바이트로 돈을 벌기 위해 학교를 비자를 받는 수단으로 생각하게 되었다. 그들에게는 공부를 하기 위한 수단이었던 아르바이트가 목적이 되어 버린 것이다. 적당히 일본에서 생활을 하다가 유학 기간이 끝나갈 즈음이 되면 한국에 돌아가지도 못하고 어떻게 할까 고민하는 사람들을 나는 너무나 많이 보았다. 그래서 지금 나에게 주는 무엇이고 부는 무엇인지를 항상 잊지 않으려 했다.

일본에 유학 와서 아르바이트로 나처럼 돈을 많이 버는 사람은 극히 드물었다. 하지만 아무리 많이 벌었다고 해도 그 정도로는 한국에 돌아와 돈을 벌지 않고도 평생을 살 수 있을 만큼은 아니었다. 제과·제빵 기술을 배우는 것이 주고 그 기술을 배우기 위한 학비와 생활비를 버는 것이 부라고 생각했다. 주를 위해서는 언제라도 부를 버릴 각오로 임했던 생활이 주도 잘되고 부도 잘되는 결과로 이어지지 않았나 지금도 생각하고 있다.

새벽 4시에 과일 경매 시장에 나가 그날 판매할 신선한 과일을 싼 가격으로 사 놓고 학교에 갔다가 집에 돌아와 간단하게 저녁을 먹고 다시 트럭을 몰고 시내로 나가 밤 12시까지 과일 장사를 했다. 하루 평균 4시간 정도 잠을 잤다. 그래도 피곤한 줄도 모르고 장사와 공부 두 마리의 토끼를 잡기 위해 열심히 달렸다. 덕분에 동경제과학교에서도 늘 우수한 성적을 받았다.

방과 후 과일 장사로 4억 6천만 원을 벌다

나는 화장실 변기 고치는 아르바이트를 할 때 운전을 해 봐서 시내 운전이 이미 익숙한 상태였다. 그래서 운전석이 우리나라와 반대로 있고 차선 또한 반대로 돼 있는데도 운전하는 데는 그다지 어려움이 없었다. 무식하면 용감하다고 술집 점장을 그만둔 다음 날 바로 새벽에 판매할 과일을 사러 집에서 가까운 신주쿠 요도바시 도매시장으로 향했다. 조그마한 과일집 몇 군데에 가서 과일 몇 가지를 사서는 차에 싣고 학교로 갔다.

학교 수업이 끝나자마자 그길로 술집이 많고 환락가인 신주쿠 가부키쵸라는 길거리에 차를 세우고 자동차의 천막을 걷고 과일을 팔기 시작했다. 지금 생각해 보면 일본 최대의 환락가인 그곳에서 장사를 해보겠다고 나간 것이 얼마나 무모한 일이었는지 모골이 송연해진다. 하지만 당시에는 뭐가 뭔지도 잘 몰랐고 한국에서 장사를 했던 경험 하나만 믿고 무작정 나갔다.

나 나름의 개똥철학 중에 일단 시작하고 보자는 철학이 있다. 어차피 세상만사는 성공과 실패가 반반이라고 생각하고 일단 오늘 해보면 내일은 두 번째 하는 것이니까 오늘의 잘못된 점을 고쳐서 다시 시도해볼 수가 있다. 하지만 안 될 거라고 망설이다가 오늘 시작하지 않으면 영원히 첫 경험을 앞둔 상태로 남을 수밖에 없다. 그래서 우스갯소리로 내 이름을 '곽실행'이라고 소개할 때도 있다. 그만큼 나는 생각한 즉시 실행하는 것이 중요하다.

일본에서 장사는 처음이고 어디에서 장사를 해야 할지 몰랐다. 일단 아무 곳에나 차를 세우고 장사를 시작했다. 원래 그곳에서 장사하던 사람한테 쫓겨나기도 하고, 한참 과일을 팔던 중 바로 앞 상가 건물이 셔터를 올려서 보니 과일 가게 앞이어서 깜짝 놀라 도망치기도 했다. 아마 여덟 번 정도 장소를 옮긴 것 같은데 최종적으로 정한 곳은 장사꾼이면 누구나 탐낼 만한 최고의 요지였다. 사실 그 자리는 처음부터 욕심이 났다. 하지만 너무 번화한 사거리여서 경찰이나 야쿠자들의 단속이 겁나기도 하고 영 불안했던 터라 뒷골목 쪽으로 돌아다니면서 선뜻 결정하지 못한 장소였다.

돌고 돌다 더는 갈 곳이 없어 하는 수 없이 그곳에 트럭을 세우고 장사를 시작했다. 아니나 다를까 야쿠자들의 간섭부터 시작해서 주차 단속을 하는 경찰들에 이르기까지 예상대로 시끄러웠다. 학교를 마치고 그 자리로 가 보면 다른 장사꾼들이 와 있기도 하고 무단으로 주차된 차들도 있어서 내가 장사하는 자리라고 인정을 받을 때까지 1년간은 정말 살얼음판 같은 날들이었다.

신주쿠 요도바시 시장은 도매상들만 상대하는 큰 시장이어서 처음에는 나 같은 피라미는 아예 상대도 해 주지 않았다 상대해 준다 싶으면 밑에 상한 과일이 들어 있는 상자를 팔기도 했다. 하지만 점차 구매하는 과일량이 늘어나고 도매상들과의 관계가 쌓이면서 수월하게 과일을 살 수 있게 되었다. 신주쿠 가부키쵸 하면 공기도 오염되었다고 할 정도로 그 끈적끈적한 분위기 때문에 일반인들은 출입을 꺼리는 환락가였다. 그곳에서도 제일 한가운데에서 과일을 파는 내가 신기했는지 시장에 있는 사람들도 서서히 나를 인정해 주었다.

4~5월은 일본 사람들이 가장 좋아하는 일본 체리인 사쿠란보가 나오는 시기였다. 그해 들어 처음에 따는 체리를 하찌모노라고 하는데 하찌모노가 나오면 텔레비전에서 보도까지 할 정도로 일본 사람들은 이 과일을 무척 좋아한다. 하찌모노는 일본 사람들도 깜짝 놀랄 만큼 고가로 판매된다. 요도바시 시장 사람들이 과일을 받아오는 동경 최대의 시장인 츠키지 시장의 사람들도 이 물건을 가장 많이 팔 수 있는 사람은 신주쿠의 곽상밖에 없다고 할 정도로 나는 제법 그 세계에서 유명해지고 있었다. 츠키지 시장에서 일하시는 분들이 간

혹 신주쿠에 놀러 오게 되면 일부러 우리 차로 와서 아는 체할 정도였다.

이제야 밝히는 얘기지만, 가장 많게는 한 달에 300만 엔(당시 환율로 2,400만 원)까지 번 적도 있었으니 유학생이 길거리에서 버는 돈 치고는 엄청나게 큰 금액이었다. 3년간의 동경제과학교 수업료와 생활비를 합해서 약 3억 원을 넘게 지출하고도 귀국할 때 약 5억 원 가까운 돈을 벌어서 왔으니 당시로서는 엄청난 벌이였다. 유학을 떠날 때 달랑 100만 원(당시 환율로 약 20만 엔)을 들고 갔으니 나름 일본 유학 생활을 성공적으로 한 셈이다. 이때의 경험은 나중에 올림픽 선수촌 아파트 중심상가에서 곽지원 과자공방을 하다가 양수리로 들어가는 결정을 할 때 많은 참고가 되었다. 인생은 성공과 실패로 구별해서 생각하기보다는 이 모든 것이 인생의 수업료라고 생각하는 것이 옳은 것 같다.

모순 없는 인간이 어디 있으랴마는, 나 또한 그런 '인간'이라는 것을 일본 땅에서 새삼스럽게 느꼈다. 처음 일본에 와서는 한 달 집세와 한 달 일본어 학교 학비만 벌면 천하를 얻은 듯이 마음이 든든했는데 통장이 제법 두둑해졌을 때는 오히려 더 빨리 더 많이 벌어야 한다는 조바심으로 마음이 황폐해졌다. 그런 내 모습을 돌아보면서 인간의 간사함에 대해서 많이 반성했다.

그런가 하면 반대로 느슨해질 때도 있었다. 일본은 섬나라라 우리나라와는 비교가 안 될 정도로 여름에 태풍이 자주 오고, 일단 태풍이 오면 비도 자주 내리고 바람도 강하게 불었다. 길거리에서 장사하는 사람에게는 최악의 조건이었다. 추운 겨울에 진눈깨비가 휘몰아치거나 여름에 태풍이 오면 뻔히 길거리에 지나다니는 사람이 없다는 것을 알기에 장사하러 나가기가 싫어지는 것이었다. 손님이 없다는 것은 핑계고 내심은 호주머니가 두둑해졌다는 뜻이리라.

그런 날씨에는 뻔히 길거리에 사람도 없고 장사가 안되리라는 것을 알기에 맛있는 음식이나 해먹고 텔레비전이나 보면서 놀까 하는 달콤한 유혹이 슬그머니 나를 잡아끌었다. 특히 장사가 자리를 잡아가고 통장이 두둑해지면 질수록 그런 유혹의 힘은 더욱더 강해졌다. 유혹에 이끌려 장사를 쉬고 놀았을 때는 다음 날 상해서 팔 수 없는 과일들을 바라보면서 나가서 과일을 팔 걸 하는 후회가 어김없이 밀려왔다.

그런 경험을 반복하면서 생각하게 된 것은 나를 장사하지 못하게 방해하는 주변의 여러 현상은 하나의 원인은 될지언정 정말로 장사하러 나가지 못하게 하는 것은 바로 나 자신이라는 사실이었다. 그 이후부터는 어떤 상황이 벌어져도 '나는 아무런 생각도 감정도 없는 일하는 로봇이다'라는 마음으로 일을 하다 보니 장사하러 나갈까 말까 하는 갈등도 없어지고 마음이 편해졌다. 나 자신과의 싸움에서 이기지 않으면 이 모든 것이 사상누각이라는 것을 깨달았다. 지금도 이 깨달음은 일을 하다 상황이 힘들어질 때 나를 무너지지 않게 지탱해 주는 나의 귀중한 철학이 되었다.

내일 당장 밥을 굶게 되는 상황이 되면 대부분의 사람은 죽기 살기로 열심히 돈 버는 일에 몰두한다. 하지만 돈을 어느 정도 벌면서부터 문제가 생기는 경우를 많이 보았다. 나 또한 그런 갈등을 겪었다. 그런 경우 인간은 두 부류로 나뉘는 것 같다. 초심을 잃지 않으려고 더 노력하는 사람과 갑자기 주어진 성공에 취해서 '내가 무엇 때문에 이 고생을 하지?'라고 자위하면서 골프채 매고 초원을 누비는 사람으로 말이다. 인간이다 보니 초심을 잃고 그동안 고생했다고 자기 자신에게 관대해지려고 하는 사람들의 보상심리를 이해하지 못하는 것은 아니다. 하지만 성공이라는 선물은 늘 찾아오는 것이 아니다. 성공이라는 길을 걷다가 추락했을 때 그 늪에서 빠져나올 수 있는 힘은 초심을 잃지 않고 늘 노력하는 사람들에게만 주어지는 보너스라고 생각한다.

힘들어서 현실과 타협하고 싶어질 때는 일본에 처음 갔을 때 앞뒤가 막혀 막막한 상황에서 그 역경을 헤쳐 나오던 당시의 내 모습을 뒤돌아보고 마음을 추스른다. 기술을 배우러 일본에 가서 실패하지 않고 나름 성공적으로 이뤄낼 수 있었던 가장 큰 이유는 순리를 따라서 열심히 노력했던 결과라고 생각한다. 일본어에 능숙하지 못해도 할 수 있었던 많은 육체노동을 통해 자연스럽게 운전 기술을 배웠고, 이를 통해 장사를 할 수 있게 되었다. 모든 과정에서 하나씩 하나씩 계단을 오르듯 단계를 밟아 왔던 것이 실패하지 않은 가장 중요한 요인이었다고 믿는다. 그런 과정이 나에게 실력이 되고 저력이 되었다. 내가 이러한 저력을 쌓을 수 있었던 건 그냥 저절로 된 것은 아니었다. 대학에 입학해서부터 세상을 배우려고 꾸준히 노력한 결과라고 생각한다.

1억 2천만 원을 날렸다가 되찾게 해 준 우주의 원리

통장에 어느 정도 돈이 모였을 때, 유학을 마치고 한국에 돌아가서 빵집을 열 가게 자리를 이리저리 알아보았다. 마침 미아삼거리에 있는 J학원이 J월드라는 상가를 짓는다는 신문 광고를 보았다. 목이 좋은 것 같아 상가 입구 정문 맞은 편 제일 좋은 요지에 상가 두 칸을 계약했다. 상가를 예약하고 계약금과 중도금을 몇 번에 걸쳐 나누어 보냈다.

그런데 1년 반 정도가 지났을까? 한국에 있는 지인이 화급한 목소리로 전화를 걸어왔다. J월드가 부도가 났다는 것이다. 깜짝 놀라 백방으로 알아보니 그 말은 사실이었다. 길거리에서 어렵게 고생하며 번 돈 1억 2천만 원이 공중으로 날아갔다. 마음 같아서는 당장에 한국으로 가서 돈을 받을 수 있는지 알아보고 싶었지만, 학교에서 개근상을 타고 싶은 욕심에 바로 가지도 못하고 걱정 반 궁금증 반의 심정으로 방학할 날만 기다렸다.

방학하자마자 한국으로 돌아와 J학원으로 달려갔더니 채권단들이 학원 운동장에 앉아서 돈 달라고 아우성을 치고 있었다. 돌려받지 못한 채무액이 상상외로 커서 쉽게 돈을 돌려받을 상황이 아니었다. 곰곰이 상황을 파악하다가 이미 틀렸다는 판단을 했다. 학원장을 만난 자리에서 나는 언성을 높이는 대신 일본에서 빵을 공부하면서 길거리에서 어렵게 돈을 번 얘기를 했다. 그리고 여기 상황을 보니 쉽게 풀리지 않을 것처럼 보이는데 용기를 잃지 말고 이 난국을 이겨나가시라고 위로했다. 학원장에게 나중에 다시 재기하시면 내 이름 석 자를 잊지 말고 그때나 돈을 갚아달라고 얘기하고 학원 앞을 나왔다.

  말은 멋있게 했어도 복잡한 마음은 이루 말할 수 없었다. 공항으로 가는 발걸음이 허탈했다. 잘못된 선택으로 엄청난 손해를 보았다는 자책과 제대로 하고 싶은 얘기도 못 하고 거금을 포기하고 일본으로 돌아간다는 막막함으로 마음이 착잡했다. 그래도 일본에 가서 열심히 노력하면 다시 그 정도의 돈을 벌 수 있으리라는 자신은 있었기에 생각만큼 절망적이지는 않았던 것 같다. 어차피 잃은 돈은 잃은 돈이고 앞으로라도 열심히 장사를 해서 돈을 버는 것이 이 아픔을 이겨나가는 방법이라고 생각했다.

  사실 제일 바보 같은 사람이 돈 잃고 그 슬픔으로 건강까지 잃는 사람이다. 말처럼 쉽지 않은 일이지만, 마음은 아파도 그로 인해 건강이 상하지 않도록 바로 마음에서 포기해 버렸다.

  길에서 장사를 하다 보니 지인 관계도 많아졌고 신주쿠에서 돈을 많이 번다는 소문이 나 간혹 후배들이 학교에 내야 할 등록금을 빌리러 올 때가 있었다. 누구한테나 다 빌려주는 것은 아니었지만 불가피하게 미처 등록금을 준비하지 못한 후배들에게 돈을 빌려줄 경우도 있었다. 그럴 때마다 돈 빌려주고 사람을 잃고 싶지 않아서 그냥 주는 거라고 하면서 돈을 건넸다. 단 나중에 여유가 생기면 그때 주면 되고, 갚지 못한다고 해서 나한테 발걸음을 끊으면 안 된다고 얘기했다.

돌고 돈다고 해서, 사람을 돌게 만든다고 해서 돈이라고 이름을 붙인 게 아닐까? 거래처를 늘려 술집 주방에서 일하시는 아줌마들에게서 필요한 과일과 채소를 전화로 주문받았다. 각 술집으로 배달하고, 배달이 끝나면 트럭을 펼치고 장사를 시작했다. 사실 술집이나 음식점에 배달하는 과일은 그다지 이익도 없었다. 게다가 일본 건물은 지진 때문인지 5층 정도의 건물은 엘리베이터가 없어서 무거운 과일 상자를 들고 몇 군데 술집을 오르락내리락하면 눈앞이 아득해질 정도로 힘이 들었다.

하지만 힘이 들어도 배달 일을 하는 이유는 과일 시장에서 내 입지를 굳히는 데 필요해서였다. 내가 매일 새벽에 가서 과일을 샀던 요도바시 시장은 엄청 큰 도매시장이어서 나처럼 규모가 작은 상인은 중간 도매상을 통해서 구매해야지 도매상으로 직접 가면 상대도 해주지 않았다. 멋모르고 처음에 과일을 사러 갔을 때는 설움도 많이 겪었다. 언어가 서툰 외국인인 데다가 도매상의 생리도 모르면서 과일값을 물어보니 나를 쳐다보지도 않고 무시했다. 이곳저곳을 기웃거려 겨우 과일 몇 상자를 사서 장사를 하려고 열어 보면 아랫단에 썩은 과일이 있었다. 그때 느낀 좌절감은 뭐라 말로 표현하기 어려울 만큼 컸다.

그러다 점차 장사가 안정돼 가면서 시장에서 내가 하루에 구매하는 과일량도 늘어났다. 게다가 배달까지 하면서 양이 점점 많아지자 그렇게 무시하던 도매상들이 이제는 나에게 자기네 과일을 사달라고 권유할 정도로 전세가 역전되었다. 어쨌든 이곳은 일본이었고 좋은 것이 좋다고 이리저리 과일이 생산되는 산지를 보면서 폭넓게 과일을 구매했지만, 초창기에 나를 무시하거나 썩은 과일을 팔았던 과일상에게는 눈길도 주지 않았다.

처음에는 구매한 과일을 트럭에 싣고 학교까지 다녔다. 하지만 어느 정도 구매한 물량이 많아진 후에는 내가 구매한 과일을 시장에 있는 진열대 위에 쌓아 놓고는 그 위에 내 이름을 써 놓고 학교에 갔다. 방과 후에 시장에 돌아와 보면 누구도 손대지 않은 채 고스란히 과일이 남아 있을 정도로 시장에서의 나의 입지는 단단해졌다.

나를 위로하기 위해 거는 최면일지도 몰랐지만 1억 원이 넘는 돈을 날리고 생각했었던 것은 원래부터 없었던 돈을 일본에 와서 벌었기에 다시 벌면 된다는 것이었다. 돈도 잃고 그 걱정 때문에 건강과 삶의 의욕까지 잃는다면 제일 바보 같은 짓이라고 위로를 하면서 차츰 그 충격에서 벗어날 즈음에 한국에 있는 처남한테서 연락이 왔다.

J월드에서 연락이 왔는데 J학원이 아직은 망하지 않았으니 매월 학원비가 들어오는 월초에 내가 계약금으로 낸 돈을 어음으로 발행해 주겠다는 거였다. 법정이자 15%까지 같이 계산해서 어음을 주겠다는 연락을 받고 꿈인가 싶어서 어안이 벙벙했다.

    펄쩍 뛸 만큼 기쁘기도 했지만 한편으로는 포기했는데 이런 결과가 발생했다는 뜻밖의 반전에 '산다는 게 뭐가 정답이지?'라는 생각을 다시 하게 되었다. 우여곡절 끝에 돈은 이자까지 포함해서 돌려받았고 받을 잔액이 1,000만 원이 남았을 때 완전히 부도가 났다는 연락이 왔다. 이미 이자까지 계산해서 돈을 돌려받았기에 원금 이상으로 돈을 받은 상황이었고 처음에는 돈 받기 틀렸다고 포기했었던 돈이 돌아온 것이어서 그 정도의 돈을 못 받았다는 것은 조금도 서운하지 않았다. 그때 빨갛게 도장이 찍힌 부도난 어음을 몇 년이고 내 다이어리 제일 앞 장에 붙여 놓고 어려운 일이 있을 때마다 들여다보았다.

    여담이지만 지금 그 어음은 내게 없다. 어느 날 새벽에 출근해 보니 내 사무실에 누군가가 들어와서 내가 아끼던 무스탕 잠바와 부도난 어음이 들어 있는 다이어리를 들고 가 버렸다. 그게 부도난 어음인지 모르고 들고 간 모양이었다. 그 다이어리에는 내가 파리에서 이집트를 경유해서 이스라엘과 키프로스, 로도스, 그리스, 터키까지 여행하면서 적어 놓은 귀중한 기록이 있었기에 꼭 찾고 싶었지만 결국 찾지 못했다.

한동안 그 기록이 없어진 것이 아쉬워서 가슴앓이를 하다가 몇 달이 지나 어느 정도 마음을 추스를 즈음이었다. J학원에서 연락이 왔다. 부도난 어음을 가져오면 나머지 돈을 주겠다는 것이었다. 그쪽에다가 어음을 분실했다는 얘기는 못 하고 어음을 찾아오라고 애꿎은 직원들만 닦달했다. 어느 날 문득 이미 돈 받기를 포기했었던 어음 때문에 이렇게 황폐해지는 나의 모습이 너무 추하다는 생각이 들었다. 그래서 학원 경리 과장에게 전화를 걸어서 어음이 분실된 경위를 설명한 후 신문에 분실광고를 내고 어느 정도 지난 후에 처리하시라고 말씀드렸다. 그리고 서류상으로 내가 협조할 테니 그 돈은 찾아서 그동안 내게 돈을 주느라 고생한 과장님이 알아서 사용하시라고 말했다. 그리고 나자 그동안 그렇게 힘들어 했던 내 마음이 일순 평안해지는 것을 느꼈다. 욕심을 낼 때와 욕심을 버릴 때의 묘한 심리적 변화를 알게 해 준 귀중한 경험이었다.

3장

장인의 길

"수많은 모방과 창작을 되풀이하면서 하나씩 구체적으로
나만의 빵이 탄생할 때 느끼는 행복과 희열은, 무언가를 만들 수 있는
기술을 지닌 사람들만의 특권이다"

장인의 길

수석으로 동경제과학교를 졸업하다

 드디어 2년간 동경제과학교에서 제과 과정을 공부하고 졸업하는 날이 되었다. 2년 동안 결석을 한 번도 안 했으니 당연히 개근상을 받을 것이라는 것을 알았지만 졸업식에서 개근상을 받은 학생은 아내와 나 둘밖에 없었다. 둘이 개근상을 타고 자리로 돌아오는 사이에 내 이름이 다시 들렸다. 500명의 졸업식에 달랑 우리 두 사람만 개근상을 탔다는 사실에 너무 흥분했던 나는 무슨 영문인지도 모른 채 다시 교장 선생님 앞으로 나갔다. 상을 받으며 상장 내용을 듣고서야 내가 수석으로 상을 받는다는 사실을 알았다. 일본 학생들을 제치고 한국인인 내가 일등으로 졸업한다는 사실이 얼마나 영예로웠던지 가슴이 벅차올랐다.

 처음 입학해서 수업을 시작했을 때부터 지난 2년간 일본어도 서툴고 일본 문화도 몰라서 어렵고 힘들었던 많은 일이 주마등처럼 머릿속을 지나갔다. 일본을 미워한다거나 일본인들과의 교제를 꺼리는 것은 아니었지만 한국인으로서 절대로 일본 사람들한테만큼은 지면 안 된다는 나 나름의 철학을 지킨 것 같아 내심 기뻤다.

일본 학제상 원칙적으로 전문학교에서 2년간 공부한 뒤 4년제 대학으로 편입하는 것은 가능하지만 전문학교에서 전문학교로 옮겨가는 것은 허용되지 않았다. 이 때문에 동경제과전문학교를 졸업하고 같은 학교 내에 있는 빵아카데미 전문학교로 옮겨가는 것은 사실 불가능한 일이었다. 그러나 그동안의 성적과 출석 상황을 보고 일본 법무부 출입국 관리소에서 어렵게 허락해 준 덕분에 나는 빵아카데미에 입학해서 빵도 배울 수 있었다.

제과를 배울 때는 수석으로 졸업하는 사람에게 상을 준다는 것을 모르고 학교를 다녔다면 빵아카데미에서는 처음부터 수석을 노리고 학교 공부를 열심히 했다. 그 당시의 학교는 모든 부분이 느슨해서 수업 중에 사진 촬영은 물론 비디오 촬영을 해도 괜찮았다. 선생님이 시범을 보일 때는 정해진 자기 자리와 관계없이 선생님이 시범을 보이는 작업대 주위로 다들 편하게 모여 앉아서 수업을 받았다. 그때 작업대 주위를 빙 둘러싼 학생은 모두 한국 학생이었고 일본 학생들은 그 뒤쪽에 앉아 있었다. 물론 수업에 대한 열의가 한국 학생들이 높기도 했었지만 수업 내용을 카메라로 촬영하기 위해서였다.

나는 비디오와 카메라 양쪽을 다 촬영해서 수업 내용을 기록했는데 35mm 고정 렌즈로는 제품의 세세한 부분까지 촬영하기가 어려워서 카메라 몸체 값만큼 비싼 매크로 렌즈를 사서 촬영했다. 비디오카메라도 일반 비디오카메라가 아닌 일본 S사에서 출시된 최신형 대형 모니터가 장착된 비디오카메라를 사서 찍으면서 바로바로 영상을 확인했다. 당시 찍었던 많은 영상이 3년 전 화재로 다 소실되었지만, 우연한 계기로 화재 며칠 전에 비디오테이프에 있는 영상 몇 개는 USB에 옮겨놓아서 귀중한 영상을 남겨 놓을 수가 있었다.

매크로 렌즈를 사용해서 선명하게 찍은 사진과 수업 시간에 받아 적은 내용을 노트에 세밀하게 정리한 덕분에 요즈음도 그 노트를 활용해서 새로운 제품에 대한 아이디어를 얻곤 한다. 프랑스에서 일할 때도 똑같은 생각으로 기록을 남겼다. 비록 공장이라 사진 촬영은 못 했지만 각종 제품에 대한 설명을 노트에 적어 놓고 시간날 때마다 정리를 했다. 나는 지금도 그때 만든 자료를 새로운 제품을 개발할 때마다 들여다본다. 최근에 이 노트를 활용해 개발한 제품은 페스트리 생지로 만드는 갈레트 루와와 아몬드 크로와상 페스트리이다.

나에게는 묘한 승부욕이 있다. 도저히 내가 이길 수 없는 상대를 만났다면 포기를 하겠지만 일정한 조건하에서 똑같이 출발한다면 누구에게든 지지 않기 위해 엄청나게 노력한다. 군대에 입대했을 때도 훈련소에서 일등을 하면 자기가 원하는 곳에 보내 준다고 해서 취침 나팔 소리가 들린 뒤에도 종일 훈련으로 지친 몸으로 2층 창밖에서 비추는 가로등 불빛 아래에서 그날 배운 암기 과목을 다 외우고 나서 잠들었다. 그 결과, 수료식 때 일등인 항공병 학교장 상을 탔고 특기 교육을 받는 기술학교에서도 일등을 해서 내가 원하는 서울 공군본부에서 근무할 수 있었다. 그 정도로 나는 남에게 지는 것을 정말 싫어했다. 그 승부욕이 일본에 와서도 빛을 발해 빵아카데미를 졸업할 때도 제과 학교에서처럼 개근상과 일등상을 받았다.

실전에서 빵을 공부하다

동경제과제빵학교를 졸업한 뒤에는 일본빵 기술연구소(JIB)에 163기로 입교했다. 일본빵 기술연구소에서는 일본 전국에서 현직에 근무하면서 빵을 좀 더 심도 있게 공부하고 싶어 하는 사람들을 대상으로 매일 3개월간 빵에 대해서 본격적이고 깊이 있는 공부를 가르쳤다. 제빵 경력자들이 공부를 하다 보니 수업 분위기는 내가 졸업한 제빵학교와는 차원이 달랐다. 3개월간 이런저런 실험을 통해서 빵을 과학적으로 규명하고, 빵이 되는 이유와 안되는 이유를 공부하다 보니 빵에 대한 애착이 한층 깊어졌다. 일본 전국에서 모인 동기생들과의 친목도 나에게는 많은 도움이 되었는데, 특히 고맙게 생각하는 것은 지금도 JIB에 근무하면서 일본 밀을 연구하시는 S선생님과의 만남이다.

그 당시 S선생님에게 일본 밀로 빵을 만들 수가 있느냐고 물어보니 선생님은 지금은 잘 안되지만 열심히 연구해서 언젠가는 일본 밀로 좋은 빵을 만들어야 하지 않겠느냐고 대답해 주셨다. 그 말은 나에게는 큰 충격이었다. 30여 년이 지난 지금, 시장에서 구하기가 어려울 정도로 일본 밀이 발전하고 인기를 얻게 된 데는 이런 분들의 끊임없는 노력이 있었다. 한국에 돌아온 내가 사단법인 대한제빵협회를 만들고 부설로 한국제빵기술연구소(KIB)를 만든 것도 우리 밀을 발전시켜서 일본처럼 부흥시키고 싶어서였다. 지금도 일 년에 서너 번 우리 밀에 관심이 있거나 우리 밀을 직접 재배하는 농민들을 대상으로 천연효모종과 우리 밀을 이용한 제빵 세미나를 계속해 오고 있다.

일본빵 기술연구소를 다니면서 학교 수업이 없는 토요일과 일요일 이틀간은 P라는 빵집에서 빵 연수를 계속했다. 학교에서는 많은 것을 해 볼 수는 있지만 능숙한 기술자는 못되고, 공장에서는 많은 것을 해 볼 수는 없지만 한 제품을 매일 반복해서 만들다 보니 기술자가 되어 간다는 평범한 진리를 깨달았다. 그래서 학교 공부만으로 부족한 현장에서의 빵 기술을 익히기 위해 시간만 되면 현장 경험을 쌓았다.

기술을 배우기 위해 일본에 왔고, 일본어 학교에서 일본어를 배우면서 무엇을 할지를 정해서 제과·제빵을 공부하며 달려 왔다. 그런 일본 생활을 정리해야 할 시간이 점점 다가오고 있었다. 내일 지구가 망해도 오늘 한 그루의 사과나무를 심겠다던 스피노자의 말처럼 한국으로 떠나기 전날에도 일하는 로봇은 변함없이 빵 트럭을 끌고 가부키쵸로 나갔다. 여느 때처럼 길거리에서 장사를 하면서 그동안 자주 오셨던 단골들께는 미리 준비했던 선물도 드리고, 내 자리를 물려주기로 한 후배에게는 장사하는 법도 가르친 후 새벽 2시에 집에 돌아와 이삿짐을 꾸렸다. 날을 꼬박 새워 이삿짐을 싼 뒤 아침 비행기를 타고 귀국길에 올랐다. 내 인생의 귀중한 추억과 배움을 안고 한국으로 돌아왔지만 마음속에는 그래도 다 채우지 못한 배움의 갈망이 있었다.

빵의 본산 프랑스로

일본에서 공부하는 동안에도 나는 늘 빵의 본고장인 프랑스 현지에 가서 빵을 배우고 싶다는 간절한 소망을 품고 있었다. 그 마음은 공부를 마칠 때도 여전했다. 이대로 한국에 정착하게 되면 나이도 있고 여러 가지 여건상 프랑스에 가서 빵 공부를 한다는 것은 불가능하다고 생각했다. '지금까지 죽기 살기로 공부한 제과·제빵 기술로 어떻게 해야 한국에서 실패하지 않고 자리 잡을 수 있을까?' 하는 새로운 화두가 늘 머릿속에 맴돌고 있었다. 바쁠수록 돌아간다는 옛말처럼 기왕 시작한 제과·제빵 공부를 좀 더 깊이 있게 하기 위해서 일본에서의 생활을 마치고 제과·제빵의 본고장인 프랑스에 가기로 결심했다. 그만큼 공부했는데 더 공부할 것이 있느냐고 반대하시는 부모님의 말씀에 죄송해서 차마 얼굴도 들지 못하고 일본에서 귀국한 지 일주일 만에 프랑스 파리를 향해 떠났다.

프랑스로 가는 발걸음은 그래도 일본으로 처음 떠날 때보다는 가벼웠다. 비록 가까운 일본이었지만 외국에서 생활하는 것이 어느 정도 익숙해졌고 일본에서 프랑스에서 생활하기에 충분한 돈을 벌었기 때문에 우선 경제적으로나 심리적으로 안정이 되었다. 기거할 숙소도 걱정이 없었다. 친한 후배의 형부가 파리의 어느 교회 목사님이어서 그 목사님을 통해 유학생 부부가 사는 집의 방 한 칸을 미리 빌려 놓았었다. 도착한 날 하루만 호텔에 있었고 다음 날부터 그 집에 들어가서 생활하게 되었으니 출발부터가 일본 생활과는 비교가 안 될 정도로 편했다.

막상 프랑스에 오기는 했지만, 프랑스어를 한마디도 모르는 상태에서 빵집이나 과자점에서 일을 한다는 것은 너무나 막막하게 다가왔다. 무작정 제과점에 찾아가 부탁한다고 해서 될 일도 아니고 어떻게 해야 할지 모르는 상태였지만 한 가지 믿는 구석은 있었다. 프랑스에 가려고 계획을 세우고 이것저것 준비하고 있을 때 제과학교 선생님 한 분이 내가 프랑스로 공부하러 간다는 얘기를 들으셨다. 선생님은 프랑스에서 일하는 일본 기술자들이 프랑스 바캉스 기간에 한 달간 쉬는 틈을 이용해서 귀국했다고 하면서 이들이 며칠 후 도쿄에서 전부 모일 테니 그때 나를 소개해 주겠다는 하셨다.

고맙기는 했지만 생전 처음 보는 사람들 앞에서 자기소개를 하고 뭔가를 부탁해야 한다는 사실에 너무나 긴장되었다. 바짝 긴장한 채로 그 모임에 가서 앞으로 파리에 가서 제과점에서 일하고 싶은데 잘 부탁한다고 인사를 하고 몇 명과 명함을 교환했다. 이 인연이 내가 프랑스에 일하러 올 때의 유일한 밑천이었다. 나는 파리에 도착하자마자 그때 만났던 일본 기술자들에게 연락을 했고 그 사람들의 소개로 '모듀이'라는 가게에서 일하게 되었다.

파리를 대표하는 제과점 '모듀이'

당시 모듀이라는 가게는 샤틀레 레알이라는 파리의 중심에서 가까운 곳에 있었고 직원도 60여 명이나 될 정도로 제법 큰 제과점이었다. 모듀이 제과점은 파리에서도 다른 제과점보다 규모가 큰 편이라 초콜릿 공장과 아이스크림 공장, 북역 앞에 있는 비에노아 공장, 본점 제과 공장 등 네 곳으로 나누어져 있었고 기술로도 뛰어난 가게였다. 나는 처음에는 아이스크림 공장에서 일하다가 초콜릿 공장과 비에노아 공장으로 옮겨 6개월간 일을 하고 본점 공장에서 다시 6개월간 더 일을 한 뒤 약속했던 1년간의 연수를 마쳤다.

당시에는 노동 비자를 받지 않으면 제과점에서 일할 수가 없었는데 노동 비자를 받기는 현실적으로 거의 불가능했다. 노동 비자라는 것은 국가끼리 서로 협약한 후에 내주는 것이어서 받고 싶다고 해서 쉽게 받을 수 있는 비자가 아니었다. 즉 가게를 운영하는 입장에서는 월급 안 주는 기술자가 한 명 있으면 이익이겠지만, 국가에서는 그런 사람 하나가 일함으로써 국민 한 사람이 실업자가 된다는 관점에서 바라보기 때문에 불법노동은 엄격하게 금지하고 있었다. 이를 어기고 외국 기술자를 고용했다가 발각되면 창업 때부터 불법으로 한 사람을 고용했다고 가정하고 벌금을 부과했기 때문에 가게가 파산할 정도의 무거운 세금을 내야 했다.

그래서 우리가 비록 돈을 안 받고 일한다고 해도 고용주 입장에서 우리를 고용하는 것은 그렇게 간단한 문제가 아니었다. 적어도 일본에서 10년 이상 제과점 경력이 있는 고급 인력들이 돈을 받고 일하기는커녕 사정사정해야 제과점에 들어가서 연수라는 명목으로 일을 할 수가 있었던 것은 이런 이유 때문이었다. 그렇다고 해서 프랑스에 있는 모든 제과점이 우리가 가서 제과·제빵 기술을 배울 만큼 수준이 높은 것도 아니었다. 우리가 기술을 배울 정도의 높은 기술력을 지닌 제과점은 그다지 많지 않기 때문에 탑클래스의 제과점에 들어가기 위해서 일본 제과 기술자들 사이에서 경쟁도 심했고 몇 년을 기다리는 경우도 허다했다.

파리에는 두 달에 한 번씩 모이는 일본 기술자 모임이 있었는데 프랑스 제과점에 관한 정보 교환은 이 모임에서 자연스럽게 이루어졌다. 일단 가고자 하는 제과점을 정하면 그곳에서 일하고 있는 기술자에게 부탁을 해서 사장에게 인사를 한 뒤 드문드문 들러 눈도장을 찍다가 그 친구가 나가고 나면 후임으로 들어가는 식이었다. 최소 일 년 정도를 연수라는 명목으로 일을 하는 데 간혹 용돈 정도를 주는 곳도 있었지만, 대부분은 돈 한 푼 받지 않고 일을 하는 것이 당시 연수의 형태였다. 프랑스에서 이런 식으로 연수를 하고 일본에 돌아가면 프랑스의 어느 가게에서 일하고 돌아왔다는 것을 중요한 경력으로 인정해 주는 것이 당시의 일본 제과업계의 불문율 비슷한 풍조였다.

나는 다행히 모듀이에 들어가 일을 할 수 있었는데 아내는 여자라서 연수할 곳을 찾기가 거의 불가능했다. 그래서 머리를 쓴 것이 공장에 한 시간 일찍 출근하고 공장 직원들이 다 퇴근한 후에도 가게 문 닫을 때까지 퇴근하지 않고 가게에서 일을 돕는 것이었다. 가게에서 청소를 하거나 잔심부름을 하면서 사장님의 눈에 들려고 정말 열심히 일을 했다. 한 달 정도 지나고 어느 정도 사장님과 친해진 다음에 슬그머니 아내 얘기를 꺼내며 모듀이에서 같이 일하고 싶다고 부탁했더니 흔쾌히 승낙해 줘서 함께 일할 수 있게 되었다.

나는 아이스크림 공장에서 아이스크림으로 케이크를 만들고, 아내는 설탕공예 파트에서 매일 열리는 파티에 필요한 설탕공예 작품을 만들었다. 일이 끝나고 집에 와서 두 사람의 손을 보면 나는 아이스크림을 만드느라 동상에 걸려서 손바닥이 울긋불긋하고, 아내는 설탕공예를 하면서 화상을 입어 손등이 울긋불긋했다. 한 사람은 손바닥에 동상을 입었고 한사람은 손등에 화상을 입은 것을 보면서 "우리 둘 다 참 기구한 팔자다"라고 얘기하며 웃었던 기억이 난다.

아내는 일본과 영국에서 배운 영국식 슈가크래프트와 프랑스에서 1년 동안 일하면서 배운 설탕공예 경험을 살려 귀국한 뒤 '최두리 슈가 아트'라는 공방을 열고 한국에 처음으로 설탕공예를 소개하면서 많은 제자를 배출했다. 아내는 몇 년 후에는 설탕공예 실력을 인정받아 2002년 프랑스 리옹에서 열린 세계 대회의 설탕공예 부문에 한국 대표로 출전해 입상하기도 했다.

일본 제과인들과의 교류와 한국 유학생들과의 교회 모임을 통해 파리에서의 생활도 빠르게 자리를 잡아 갔다. 부족한 프랑스어 실력을 높이려고 일이 끝나면 알리앙스 어학원에 가서 밤늦게까지 졸린 눈을 비비며 공부를 했다. 출퇴근 때는 워크맨으로 귀가 난청에 걸릴 정도로 회화 테이프를 반복해서 들었다. 덕분에 공장에서 일하면서 빠른 시간에 의사소통이 가능해졌고 일도 점차 익숙해져 갔다. 일본어를 공부하면서 느낀 것을 토대로 어떻게 해야 외국어를 빨리 익히는지를 나름대로 터득했던 것도 도움이 되었다. 외국어를 배우는 길에는 왕도는 없고 그저 무식하게 많이 듣고 많이 말하고 단어를 많이 익히는 것 외에는 특별한 방법이 없다는 사실을 다시 한 번 깨달았다.

프랑스에서의 2년간의 경험은 기술자로서 자신감을 갖게 해 주었다. 일본에서 익혔던 과자와는 성격이 다른 과자들을 많이 접하면서 과자에 관한 시야를 넓혔다. 프랑스 과자의 배합표에서 단맛을 10% 정도 뺀 것이 일본 과자이고 일본 과자에서 단맛을 10% 정도 뺀 것이 우리나라 맛이라는 것을 나중에 우리나라에서 일하면서 알 수 있었던 것도 프랑스에서 직접 일했던 경험 덕분이었다. 1년 동안의 모듀이 제과점 연수를 마치고 유럽 각 나라의 제과점과 빵집을 보기 위해 한 달짜리 유레일패스를 사서 유럽 여행을 떠났다.

당시에는 지금처럼 인터넷이 발달하지 않아 여행 정보를 쉽게 찾아볼 수 없었기 때문에 몇 달간 이런저런 여행 책자를 보면서 제1안, 제2안, 제3안까지 스케줄을 짜는 등 면밀하게 여행 계획을 세웠다. 지금도 있는지 모르겠지만 토마스쿡이란 열차 시각표가 여행 일정을 짜는 데 많은 도움을 주었다. 그리고 마침내 포르투갈을 필두로 한 달 동안 유럽 전 국가를 돌아다니면서 각 나라의 제과와 제빵을 두루 구경하는 귀중한 시간을 보냈다.

'오팡 팔레'에서 제과·제빵을 함께 배우며

한 달간의 여행을 마치고 파리로 돌아와서 미리 정해 두었던 '오팡 팔레'라는 제과점에서 일을 하게 되었다. 베르사유 궁에서 가까운 곳에 자리 잡은 오팡 팔레라는 빵집은 프랑스의 여느 제과점과는 달리 과자와 빵을 동시에 만드는 곳이었다. 1층은 빵 공장이고 2층은 과자를 만드는 공장이었다. 지하실에는 밀가루를 저장하는 커다란 탱크가 있었는데 기름을 운반하는 탱크로리로 밀가루를 싣고 와서 기다란 호스를 이 탱크에 연결해 밀가루를 넣었다.

이렇게 한 점포에서 빵과 과자를 동시에 만들어 파는 제과점은 우리나라는 보편적이지만, 과자점과 빵집이 분리된 프랑스에서는 전국을 통틀어 몇 개밖에 없을 정도로 오팡 팔레는 특이한 제과점이었다. 우리나라 제과점은 그 특성상 빵과 과자를 동시에 만드는 기술을 갖추고 있어야 해서 우리에게는 반드시 필요한 제과점이었고 그래서 그 가게를 선택했던 것이다. 게다가 이 가게가 우리에게 더욱 유익했던 것은 공장 건물의 3층에 있는 방을 무료로 쓸 수 있게 우리에게 배려해 주었다는 것이다. 프랑스에서는 한 달 방세가 만만치 않았기에 1년간 방세만 내지 않아도 경제적으로 큰 도움이 되었다.

  식사도 아침은 크로와상과 커피 한 잔으로 하고, 점심은 사장이 만들어 준 요리를 전 직원이 같이 먹었으며, 저녁은 우리가 요리한 음식과 바게트를 먹는 식으로 하루를 완전히 프랑스식으로 해결할 만큼 프랑스 생활에 익숙해졌다. 가게가 쉬는 날에는 파리에서 요리하는 한국 친구들과 같이 모여 파티를 하면서 친목을 다지기도 하고, 그동안 각별하게 친해진 일본 친구들과는 지금도 오페라 앞에서 영업 중인 야마모토라는 스시집 사장이 주말에 집에서 여는 파티에 참석해서 일본에서 온 각계각층의 사람들과 교제하는 귀한 시간을 보냈다. 점차 파리에서의 생활이 익숙해지면서 기술자로서도 사회적으로도 귀중한 경험을 할 수 있었다. 일본에서 생활할 때보다 금전적으로 조금은 여유가 있다 보니 바캉스 시즌에는 프랑스 전국을 돌면서 유명 제과점과 빵집을 견학하기도 했고, 한국에 가서 빵집을 운영할 때 사용하려고 틈틈이 사 모은 제과·제빵 도구들도 점점 많아져 갔다.

프랑스에서 열린 제빵대회에서 애국심을 불태우다

프랑스에는 각종 제과·제빵 대회가 많이 있다. 지역별로 제과·제빵업에 종사하는 사람들의 기량을 발전시키기 위해서 열리는 지방대회가 있는가 하면 유명한 세계대회도 몇 개가 있다. 그중의 하나인 세계 제빵 대회에 동크 출신의 오쿠다 상이라는 분이 오신다고 해서 연습하는 모습도 볼 겸 응원차 음료수를 사 들고 연습장으로 찾아갔다. 오쿠다 상은 유명 이스트 회사가 연구실을 빌려주어서 시차에 적응할 겸 프랑스 밀가루와 오븐의 특성을 알기 위해 일주일 쯤 먼저 와서 연습을 하고 있었다. 오쿠다 상과는 이전부터 인연이 있었다. 내가 평소 존경하여 나중에 그분의 책을 한글로 번역도 했던 니헤이 선생님이 동경제과학교로 특강을 오실 때 오쿠다 상이 조수로 같이 오셨고 그 후로도 동크 회사에서 주최하는 행사에 몇 번 초대되어 구경 갔던 덕분에 친해진 사이였다.

우리는 시합 당일에 대회장으로 갔다. 대회는 5개 나라에서 출전한 가운데 각국의 선수 3명이 한 팀을 이루어 경기를 치르는 방식이었다. 열기는 상상을 뛰어넘었다. 선수들은 오전 6시부터 제품을 만들었고 일반인들의 대회장 출입은 오전 9시부터 허용되었다. 아침부터 오후 5시까지 일본 선수들이 시합하는 모습을 보면서 응원했는데 선뜻 응원만 할 수 없는 묘한 심적 갈등을 느꼈다. 선수들이 제품을 잘 만들 때마다 박수를 보내면서도 '우리는 언제 이렇게 될까?' 하는 서글픔이 밀려왔고, 일본 사람들에 대한 질투심이 부글부글 끓어올랐다.

대회에서 일본은 3위를 했다. 대회에는 각국에서 선수 외에 심사위원이 한 사람씩 참가했는데 그 심사위원분들에게 동크의 후지오 회장이 발 빠르게 선물을 하나씩 안기던 모습이 지금도 잊히지 않는다. 그렇게 일본이 국제사회에서 자리를 잡아 간다고 생각하니 부럽기도 하고 분하기도 했다. 그때의 그 기억을 잊을 수가 없어서 몇십 년이 흐른 뒤 한국에서 농수산식품부 산하의 단체로 사단법인 대한제빵협회를 창립하였다.

이 단체를 바탕으로 앞으로 제빵 기술의 발전과 젊은 제빵인들을 육성하여 세계 대회에 출전시켜 세계 제빵업계에 한국의 제빵 기술을 알리는 데 일조하고 싶다. 아내가 20여 년 전에 설립한 사단법인 대한슈가크래프트협회는 슈가크래프트의 종주국인 영국의 슈가크래프트협회와 슈가크래프트가 가장 널리 알려진 일본 슈가크래프트협회와의 교류를 통해서 번창하고 있다. 그런 모습을 곁에서 보면서 언젠가 대한제빵협회도 국제교류를 통해서 세계 제빵인들과 같이 활동하는 꿈을 꾸고 있다.

프랑스에서의 2년간의 경험은 그동안 일본에서 배웠던 기술을 비교·분석해서 새롭게 나만의 기술로 만드는 데 큰 도움이 되었다. 지금도 그때 당시에 배웠던 많은 제품을 정리한 노트를 보면서 새로운 제품을 만드는 데 많이 참고하고 있다. 추억은 고생이 심하면 심할수록 아름답게 느껴진다고 얘기하지만 지금 생각해 보면 그때의 경험은 반평생 동안 기술자 생활을 해 오는 데 참으로 큰 도움이 되었다.

프랑스어는 한마디도 모르면서 공장에서 갖은 무시와 비웃음을 참고 이리 뛰고 저리 뛰며 견뎠던 시간이 있었기에 웬만한 시련쯤은 웃어넘기고 다른 사람의 아픔도 헤아릴 수 있게 된 것 같다.

그 후 1년에 한 번씩, 한 해 동안 파리의 빵과 과자가 어떻게 변했는지를 보기 위해 프랑스에 갔다. 옛날을 생각하며 파리를 둘러보는데 모듀이 제과점은 없어졌고, 오팡팔레는 사장이 돌아가시고 다른 사람한테 팔려서 새로운 사람이 가게를 운영하고 있었다. 가게 앞에 서서 1년 동안 먹고 자고 생활했던 3층 방의 창문을 바라보고 있자니 '산천은 의구한데 인걸은 간 데 없고'라는 옛 시조가 떠오르면서 가슴 한편이 아릿했다.

금의환향 대신 밑바닥에서 다시 시작하다

외국에서 공부하고 들어와 우리나라에서 자리 잡지 못하고 실패하는 제과·제빵 기술자들을 많이 본다. 원인이 몇 가지가 있다고 생각하는데, 첫 번째는 우리나라 실정을 너무 모른다는 것이고, 두 번째는 외국에서 잘 팔리는 빵이라고 해서 우리나라 사람들도 잘 먹을 거라 착각하는 것이고, 세 번째는 인력관리가 제대로 안된다는 것이다. 우리나라에는 우리나라만의 독특한 제품과 노동 분위기가 있는데 외국에서 공부하고 오면 이런 점을 고려하지 않고 마치 금의환향하는 듯한 기분으로 개업했다가 실패하는 경우가 많다는 것을 알았다.

프랑스에 온 지 2년째 되었을 때다. 한국에 돌아가면 어느 가게에서 일해야 할지 고민하고 있을 때 마침 한국에서 당시에는 가장 큰 제과점이었던 나폴레옹이란 제과점에서 일해 보지 않겠느냐는 연락이 왔다. 일본에서 공부할 때도 내가 만약 한국에서 일을 하게 된다면 반드시 나의 기술자 인생의 첫걸음은 나폴레옹 제과점에서 시작하고 싶다고 주문처럼 되뇌었던 것이 현실이 되었다. 운명 같은 우연처럼, 혹은 우연 같은 운명처럼 말이다.

기대에 부푼 마음으로 귀국한 뒤 나폴레옹 제과점에 처음 방문해서 회장님과 면접을 보았다. 어떤 조건으로 일하고 싶냐고 물어보셔서 "일단 지금까지 많은 공부를 하고 들어왔지만 확실하게 한국에서 제가 어느 정도의 수준인지도 모르기 때문에 제가 조건을 제시하는 것은 도리가 아닌 것 같습니다. 제가 일하는 것을 보시고 거기에 합당한 월급을 주시면 됩니다"라고 말씀드렸다. 그리고 다음 날부터 공장에서 일을 시작했다.

내 주위에서는 그만큼 공부를 했으면 취직보다는 자기 가게를 차리는 게 낫지 않느냐고 권유했다. 하지만 한국 실정은 전혀 모르면서 외국에서 공부했다고 괜히 폼 잡고 제과점을 했다가 망하는 사람을 많이 봐 왔기에 나는 한국 제품에 대한 기술을 어느 정도 습득한 뒤에 제과점을 차리겠다고 마음을 먹었다.

나폴레옹에 입사하기 전날 아내와 상의했다. 지금까지 10년 가까운 시간을 제과·제빵을 공부해 왔다면 이제부터는 내가 한국에 뿌리를 내릴 수가 있느냐, 없느냐의 시험대에 오르기 때문에 내가 공장에 자리를 잡을 때까지 공장 기숙사에 들어가서 직원들과 함께 생활하면서 일을 하겠다고 아내에게 얘기했다. 아내도 내 생각에 동의해 주었고, 사장님께도 기숙사에서 생활하면서 공장에서 일하고 싶다고 부탁을 해서 기숙사에서 직원들과 같이 생활하기 시작했다.

한국에서 시작된 공장에서의 생활은 첫날부터 장난이 아니었다. 일단 나보다 나이 어린 차장과의 갈등을 시작으로 해서 외계인 바라보듯 쳐다보는 80여 명에 달하는 직원들의 시선은 강심장이라고 자부하는 나를 첫날부터 녹초로 만들었다. 그중에는 이 공장에서 십 년 넘게 일한 사람도 있었고, 대부분은 몇 년째 근무하고 있었다. 한국 제품을 처음 보는 나는 어떻게 빵을 만드는지 전혀 감을 잡을 수가 없었다. 그래서 사장님께 부탁해서 오븐에서 빵 굽는 것을 시작으로 각 파트에서 한 달간씩 근무할 수 있도록 청을 드렸다. 나는 사장님 허락을 받고 밑바닥에서부터 하나씩 하나씩 일을 배워 나가기 시작했다.

정말 힘든 일이었다. 외국에서 공부를 하고 온 입장에서 그들이 나를 바라보는 시각과 사장님이 나에게 거는 기대치 등이 얽혀 공장에서의 생활은 숨쉬기가 어려울 정도로 나를 힘들게 하였다. 공장 사람들이 나를 바라보는 시각대로라면 나폴레옹 제과점에서 판매하는 모든 제품을 완벽하게 만들 수 있어야 했다. 그러나 그런 기대에 부응하기에는 내가 모르는 제품이 너무 많았다. 물론 일본과 프랑스에서 배워 온 제품들은 잘 만들 수밖에 없겠지만 그 외에 나폴레옹에서 옛날부터 전통적으로 만들어 온 제품은 알 수도 없었거니와 만드는 방법도 하루아침에 깨우치기에는 어려웠다. 그 제품을 몇 년씩 매일 만들어 온 직원들이야 당연히 잘 만들고 손이 안 보일 정도로 빠르게 작업할 수 있었다.

나의 이런 부족한 부분을 보완하기 위해서 직원들 모르게 반죽 일부를 숙소로 가져가 밤새 연습을 했고 조금씩 숙련 기술자들과의 틈을 좁혀 갔다. 한 달 정도 지나고 나서는 오히려 내가 같은 시간에 그들보다 하나라도 더 만들 수 있을 만큼 속도가 빨라졌다. 매일 밤, 방에서 혼자 꼬박 날을 새 가며 연습한 결과, 제품 또한 그들에게 뒤지지 않을 정도로 완벽하게 만들 수 있게 되었다.

내가 전혀 모르는 제품은 그들에게 배울 수밖에 없었지만, 어설프게 아는 기술은 잘 아는 것처럼 아는 체를 해야 할지, 아니면 모른다고 밝히고 가르쳐 달라고 해야 할지 처음에는 정말로 고민스러웠다. 자존심이 걸린 문제였다. 하지만 '외국에서 공부했다면서 이런 것도 몰라?' 하는 시선이 무서워 아는 체만 해서는 그 기술을 마스터해서 내보일 수 없다는 것을 깨달았다. 그래서 망설임 끝에 결국 직원들에게 가르쳐 달라고 부탁했다. 쉽지 않은 결정이었지만 그렇게 할 수 있었던 가장 큰 이유는 '비록 오늘 내가 너에게 배우지만 일주일 후에는 너만큼 할 수 있다'는 자존심이 있었기 때문이 아니었나 생각한다.

기술을 배우면 아무도 모르게 그 재료를 방으로 들고 가서 밤을 새워서라도 기술이 손에 익을 때까지 연습하고 그다음 날 내게 가르쳐 준 친구와 함께 태연하게 그 제품을 만들었다. 틀림없이 어제 못했던 일을 자기와 같은 속도로 하는 모습을 보고는 신기한 눈으로 나를 보는 경우도 많았다. 나중에 그들과 친해졌을 때 그들도 역시 내가 제품 만드는 것을 주목하고 있었고 나의 제품 만드는 속도가 빨라지는 것을 엄청 신기하게 생각했었다는 얘기를 들었다. 열심히 노력하는 것 이상으로 텃세를 잠재울 수 있는 좋은 무기는 없다.

공장에서의 생활이 익숙해지고 처음 입사했을 때 과장으로 시작했던 직급이 부장으로 올라가면서 명실공히 나폴레옹 제과점의 공장장으로서 모든 부문을 총괄하게 되었다.

입사했을 당시 나폴레옹 공장은 옛날부터 내려온 구태의연한 시스템으로 일을 하고 있었다. 입사를 하면 무조건 오븐에서 일을 시작해서 여러 공정을 거쳐 케이크 파트까지 올라가는 방식이었다. 케이크 파트까지 올라가는 데 짧게는 3년, 길게는 5년이 걸리는 식으로 공장이 돌아가고 있었다. 그러다 보니 전체 인원을 보면 공장이 돌아가기에 충분한데도 케이크 파트는 사람이 부족하다고 난리고 오븐 파트는 사람이 넘쳐나는 불균형 상태를 이루고 있었다. 이런 모순된 시스템을 정비해서 직원이 새로 입사하면 부족한 파트에 먼저 배당하는 형태로 시스템을 만들었더니 종전보다 훨씬 적은 인원으로 많은 제품을 효율적으로 만들 수 있게 되었다.

공장에서는 너무 무질서하게 재료를 관리하는 문제가 있었다. 안쪽에 재료가 있는데도 찾는 재료가 눈에 보이지 않으면 우선 주문부터 올렸다. 나중에 청소를 하다가 창고 안쪽에서 유효기간이 지난 재료가 무더기로 나와 폐기하는 경우도 많았다. 안쪽에 있는 재료를 사용하려면 재료의 상태가 일목요연하게 보이지 않으면 안 된다고 생각하고 창고 내부에 앵글을 조립해 진열장을 만들어 체계적으로 재료를 정리하여 운영하였다.

직원 수가 워낙 많아 관리하는 데 세심한 배려가 필요했다. 일치단결하여 공장을 운영해 가기가 쉽지 않았다. 공장 생활을 하면서 악역은 공장장이 하고 선한 역은 사장이 해야 공장이 잘 돌아가게 된다는 지혜를 터득했다. 사장이 악역을 하고 공장장이 직원들과 한편이 돼서 사장을 적대시하는 공장치고 잘되는 제과점을 본 적이 없다.

회식도 구태의연하게 고기 먹고 술 먹는 회식이 아닌 대학교에서 MT 가는 것처럼 바꾸어 관광버스를 빌려 근교로 1박 여행을 떠났다. 생산 직원만 가고 매장에서는 계속 판매를 해야 하기 때문에, 판매하는 제품을 차질 없이 생산해 놓고 떠나기 위해서 크리스마스 제품을 만드는 것처럼 일주일 전부터 계획을 짜고 생산 일정을 맞췄다.

첫 번째 연수 여행은 지금까지 해 왔던 회식 비용 안에서 지출 계획을 짜고 회사의 승낙을 받은 후 오전에 제품들을 만들어 놓고 오후에 관광버스를 타고 산정호수에 있는 호텔에서 1박을 하는 일정이었다. 강사를 초대해서 강연을 듣고, 저녁 식사 후에는 파트별로 분임토의를 하고 회사에 건의할 내용과 앞으로 우리가 어떻게 해야 효율적인 생산 활동이 가능한지에 대한 내용을 보고하게 했다. 일정을 모두 마치고 잠들기 전에는 운동장에 모여 캠프파이어를 하였다. 이 자리에서는 그동안 새벽부터 밤늦게까지 일만 하느라 서로를 돌아보지 못했던 직원들끼리 악수와 허그를 하며 서로의 정을 나누었다.

다음 해에는 남이섬으로 연수 여행을 떠났다. 이번에는 좀 변화를 주어서 각 파트에 공장에서 일하시는 아주머님 두 분을 참가시켜 미리 10만 원씩을 주고 요리를 할 수 있게 준비하도록 했다. 남이섬에 도착해서는 조별로 요리를 하여 심사를 한 후 점수를 매기고 그 음식을 뷔페식으로 깔아 놓고 직원들이 이리저리 돌아다니면서 저녁을 먹었다. 저녁 식사 후 숙소로 들어와서는 몇 가지 게임을 더하고 여기서 얻은 점수를 통합해서 농협에서 사온 쌀로 시상을 했다. 다음 날 나는 새벽에 빵 만들 특공대원 4명을 데리고 서울로 왔다. 이 경험은 내가 직접 제과점을 운영할 때 우리 직원들과 같이 여행을 하는 데 많은 참고가 되었다.

이런 식으로 공장 직원들 간의 활동 구역을 공장으로 국한하지 않고 야외로 넓혔다. 자전거타기를 좋아하는 직원들은 자전거 클럽을, 볼링을 좋아하는 직원들은 볼링 클럽을 만들고, 축구를 좋아하는 직원들은 축구 클럽을 만들어 여가를 활용하게 했더니 공장 분위기도 좋아지고 제품 생산력도 많이 향상되었다. 이런 여가 활동에 필요한 경비를 회사에서 일부 지원해 주어서 회사와 직원들 간의 신뢰 관계도 돈독해졌다.

공부하고 싶어 하는 직원들에게는 검정고시 학원을 다닐 수 있게 했는데 나에게 배우고 싶어 하는 직원이 있어서 작업이 시작되기 한 시간 전인 새벽 4시에 내 방으로 오라고 하고 검정고시 공부를 시켰다. 검정고시에 합격한 뒤에는 산업체 추천을 통해 야간 전문대학에 진학시켜서 공부할 수 있는 길을 열어 주었다. 공장 분위기가 이렇게 변화하니 이직률도 줄고 안정적으로 생산능력이 향상되어 이익이 극대화되는 선순환이 일어났다. 이러한 변화는 내가 잘했다기보다는 당시 사장님께서 많은 부분을 이해하고 믿어준 결과라고 생각한다. 이때의 경험은 4년 6개월간의 나폴레옹 제과점 근무를 마치고 내가 직접 제과점을 운영할 때 많은 참고가 되었다.

장인의 기본은 체력

빵을 만들며 살아오면서 25년째 매일 에어로빅을 하고 있다. 내가 인생의 좌표로 삼고 있는 몇 가지 교훈이 있다. 그중 하나가 건강과 체력이다. 빵을 취미로 만들 때는 손으로 만들지만 빵을 판매하기 위해서 만들 때는 발로 만든다. 물론 직접 발로 만든다는 얘기는 아니다. 적어도 하루 10시간 이상 서 있을 수 있는 튼튼한 하체의 힘이 필요하다는 의미이다. 그래서 빵을 만들기로 마음먹은 동경제과학교 때부터 늘 운동에 신경을 써왔다.

공부는 엉덩이로 하고, 빵은 발로 만든다

물론 술과 담배도 금기 중의 금기로 생각했지만 강인한 체력은 꾸준한 운동을 통해서만 만들 수 있다. 자기 자신과의 싸움이 최고의 관건이다. 올림픽 선수촌아파트에서 곽지원 과자 공방을 시작할 때 제과점 바로 앞에 있는 스포츠 센터에서 무슨 운동을 하면 좋을지가 한동안 고민인 적이 있었다.

장사라는 것이 쉽지 않다는 것을 몇 번의 장사 경험을 통해 알고 있었다. 장사가 잘되고 안되고 하는 문제도 어려운 문제지만 불가항력적인 돌발 상황이 생겼을 때 이를 원만하게 해결해 나가는 것은 만만치 않은 일이다. 예를 들면 우리 빵을 사 가서 바로 먹지 않고 며칠 후에 먹었는데 식중독이 걸렸다든지 하는 문제가 생길 수가 있다. 그런 때는 우리 잘못은 전혀 없는데도 매스컴이나 동네에서는 안 좋은 결과만을 얘기하는 경우가 있다. 그럴 때 '사실은 이렇다'라고 설명할 수 있는 인프라를 평상시에 구축해 놓지 않으면 안 된다. 이런 문제를 해결하기 위해 생각해 낸 것 중의 하나가 매월 하는 세미나였고 두 번째는 동네 단지에 있는 체육관에서의 운동을 통한 사교 활동이었다.

이때 체육관에서 택한 것이 에어로빅이었다. 사실 에어로빅은 여성들이 많이 하는 운동이어서 남자가 들어가서 하기는 쉽지 않았다. 마침 우리 가게에 오시는 단골손님 중에 에어로빅 선생님이 계셔서 그 선생님의 권유로 쉽게 운동을 시작할 수 있었다. 이렇게 어설프게 시작한 에어로빅을 25년을 넘기고 지금까지 하게 될 줄은 그때는 생각지도 못했다. 남자가 에어로빅을 하는 것이 낯설다 보니 간혹 그 이유가 무엇인지 궁금해 하는 사람들이 있다. 그런 질문을 받으면 나도 가끔 그 이유를 생각해 볼 때가 있다. 나처럼 바쁘게 사는 사람은 언제라도 가서 운동할 수 있는 헬스는 빠질 확률이 높고, 역설적으로 시간을 정해 놓고 하는 운동은 빠질 확률이 낮다는 사실이 이 운동을 계속해서 하게 된 이유인 것 같다.

내게 삶이란 나 자신과의 싸움 그 이상도 그 이하도 아니다. 꾸준한 체력관리만이 내가 좋아하고 나를 존재하게 하는 빵 만드는 일을 할 수 있게 하는 밑천이다. 나이 들면 체력이 저하되고 힘들어지는 것은 나에게만 닥치는 일이 아니라 누구에게나 오는 일이다. 하지만 내가 체력을 강하게 해 주는 운동을 게을리해서 체력이 떨어지면 나 자신을 용서할 수 없다. 아침마다 하루 일과를 시작하기 전에 체육관에서 운동을 하면서 체력을 강화하는 것이야말로 빵을 만들 수 있게 하는 힘의 원천이다. 몇 살까지 이런 삶의 패턴이 가능할지는 모르겠다. 생각 같아서는 죽는 날 아침까지도 운동하다가 오후에 죽을 수 있는 그런 삶을 살고 싶다.

장인의 길은 스승을 섬기는 길

빵 만드는 길을 걸어가는 데 영향을 준 스승님들이 일본과 프랑스에 몇 분 계신다. 직접 영향을 주신 분들도 계시지만, 책을 통해 살아오신 삶의 궤적을 보여주며 내 가슴을 뭉클하게 하고, 힘들 때 나를 쓰러지지 않게 잡아 주신 분들도 계신다. 나는 이분들을 모두 내 인생의 스승이라고 여긴다. 이제는 이 세상을 떠나신 분들도 계시고 아직 생존해 있는 분들도 계시지만, 행복하게도 그런 분들의 영향을 받을 수 있었던 것이 지금의 나를 있게 해 준 원동력이다.

일본빵 기술 연구소를 만드신 가리세 선생님, 일본 육사 시절에 불어를 공부한 것을 계기로 종전 후에 프랑스 기술자들이 오면 세미나 통역을 하면서 자연스럽게 일본 제과업계와 깊은 인연을 맺고 많은 기술자가 프랑스로 가서 연수하고 싶다고 할 때 파이프 역할을 하신 야마나 선생님, 일청제분 연구소에서 근무하시면서 초유의 베스트셀러인 『새로운 빵 기초지식』이란 책을 내기도 하고 모임을 만들어 좌장 역할을 하면서 기술자들에게 '제빵 이론의 아버지' 역할을 하시다가 정년 후에 본인의 이론을 증명하고 싶어서 66세 나이에 치바현에 조그마한 빵집을 내고 아들과 함께 열심히 빵을 굽고 계시는 다케야 선생님, 18살에 시작한 제빵의 길을 80이 넘으셨는데도 아직도 현역으로 빵을 가르치고 계시는 이이츠카 선생님, 이론과 실기를 완벽하게 갖추어 자타 공인 '일본 최고의 빵신'이라고 불리는 니헤이 선생님, 프랑스 빵을 지금의 현대화된 빵으로 거듭나게 해 주신 깔벨 교수님, 아깝게 장년의 나이에 자가용 비행기 사고로 돌아가신 프왈란 씨 등 열거하기에 열 손가락이 부족할 정도로 많은 선생님이 내가 빵의 길을 걷는 데 많은 영향을 주셨다.

이런 선생님들의 삶을 보며 내 삶을 돌아본다. "눈 덮인 들판을 어지럽게 함부로 걷지 말라. 내가 남긴 발자취가 누군가의 이정표가 될지도 모른다"라고 말씀하신 백범 김구 선생님의 좌우명을 경고등처럼 마음속에 세우고 나를 지켜본다.

좋은 스승을 만나는 것이 장인의 길의 절반

많은 제자가 오늘도 빵을 배우기 위해 전국에서 찾아온다. 나에게 빵을 배우면 천연효모종에 대해서 뭔가 엄청난 무공 비급을 배우는 것처럼 생각하고 찾아오는 제자도 생각 외로 많다. 그런 제자들에게 빵을 가르치면서 제일 단순하고 기초 중의 기초인 둥글리기부터 하나씩 가르친다. 답답하게 생각할지 모르지만 모든 기술은 기초를 완벽하게 익혀야 다음 단계로 넘어갈 수 있는 자격이 생긴다. 그래야 맛있는 빵을 만들 수가 있다. 탄력 있고 부드러운 빵을 만드는 비결은 의외로 아주 간단한 둥글리기에서 시작되는 것을 모르고 그저 빵 속에다 여러 잡다한 것을 넣고 그 충전물 맛으로 빵 맛을 보완하려 하다 보니 비빔밥 빵이 되고 만다. 심플하면서 깊은 밀가루 본연의 맛이 무엇인지 모르게 된다. 밀이란 곡물이 주는 밀가루의 맛과 효모가 발효되며 생기는 여러 생성물의 조합이 이뤄내는 앙상블이 빵 본연의 맛이라는 단순한 사실을 잊으면 안 된다.

내가 스승을 만나고 섬기는 법

매주 일요일이면 일본에 계신 이이츠카 선생님에게 안부 전화를 건다. 동경제과학교에 다닐 때 나가후지라는 빵집에서 공장장으로 계시면서 동경제과전문 학교에 외부강사로 오셔서 알게 되었으니 어언 30년 가까이 가르침을 받고 있다. 선생님은 80이 넘으셨는데도 현역에서 활동하고 계신다. 선생님은 가족이 있는데도 직장에서 가까운 곳에 사무실을 얻고 혼자서 생활을 하시는 터라 늘 마음이 쓰인다. 코로나19로 인해 일본 왕래가 어려워지기 전에는 일 년에 한 번 정도 선생님을 한국에 모셨다. 선생님은 세미나도 열고 한국 제과점 몇 군데에 일본에서 유행하는 제품을 개발하도록 주선도 해 주시는 등 한국에 오실 때마다 보람차게 보내시고 일본으로 돌아가셨다.

나는 동경제과학교를 졸업하고 그 유명한 가리세 선생님의 강의를 듣고 싶어서 어렵게 일본빵 기술연구소(JIB)에 입소했다. 가리세 선생님은 일본빵 기술연구소를 만드신 분이다. 너무 나이가 많으셔서 매일 수업이 어려웠던 선생님은 일주일에 한 번 지방에서 비행기를 타고 와서 강의를 하셨다.

80이 넘으셨는데도 백발의 자그마한 체구 어디에서 그런 힘과 카리스마가 나오는지 정말 놀라웠다. 카랑카랑한 목소리로 강의를 하시면서 잠시도 눈을 돌리지 못하게 하셨다. 수업 중에 졸거나 한눈파는 사람이 있으면 빵을 밀 때 사용하는 밀대를 집어 던지신다. 제품을 만드실 때 반죽 하나로 마치 거미가 거미줄을 뽑아내듯 수많은 종류의 제품을 만드시는 모습을 보고 있으면 감탄사가 절로 나온다.

 나는 수업이 끝났을 때 선생님을 찾아가서 인사를 드렸다. 선생님의 가르침을 받고 싶어서 어렵게 찾아온 경위를 말씀드리자 선생님은 마치 어린애처럼 해맑게 웃으시면서 기뻐해 주셨다. 그 이후로 가리세 선생님의 수업이 있는 날에는 수업이 끝나면 개인적으로 선생님을 찾아뵙고 말씀을 들었다. 그 시간이 빵을 배우는 것보다도 몇 배나 많은 공부가 되었다.

 비슷한 인연으로 동크에서 근무하시던 니헤이 선생님이 계신다. 니헤이 선생님도 동크에서 근무하실 때 외부강사로 오셔서 알게 된 이래 30년 가까이 정말로 많은 가르침을 주셨다. 다행히 니헤이 선생님은 아직 70대여서 왕성하게 활동하고 계시고 일본에서 빵의 신으로 불릴 만큼 많은 제빵인들에게 추앙을 받고 있다. 몇 년 전에 『Bon Pain へ の 道』[2]란 책을 저술하셨는데 영광스럽게도 내가 그 책을 한글로 번역해서 출판을 했다. 이 책은 한국에서도 빵을 공부하는 많은 사람에게 빵 제조의 바이블로 여겨지고 있다.

 그 외에도 'Brot Hime(브로트 하임)'이란 빵집을 운영하고 있는 아카시상, 20년 전에 내가 번역했던 『새로운 제빵기초지식』이란 책을 쓰신 다케야 선생님 등이 빵의 길을 걷고 있는 나의 마음속에 있는 스승님들이다. 그 밖에도 제과·제빵 분야에서 배움을 주시는 분이 너

---

2) 한국에서는 '좋은 빵으로의 길'이라는 제목으로 2017년 소담출판사에서 출간되었다.

무 많아 일일이 열거할 수는 없다. 본받고 배울 스승이 많아 그만큼 행복하고 마음이 부자가 된 느낌이다.

내게 인생의 스승은 어머니다. 매일 아침 시골에 계신 어머니께 편안히 주무셨는지 안부전화를 드리는 것으로 하루 일과를 시작한다. 특별히 효도를 해야겠다고 하는 일은 아니다. 부모님이 우리를 낳아 주시고 키워 주실 때 애쓰신 것과 비교하면 아침저녁으로 전화 한 통 드리는 것은 얼마나 쉬운 일인가? 자식이 부모님께 드리는 전화 한 통이 부모님에게는 큰 힘이 된다는 것을 알기에 별다른 일이 없으면 꼭 전화를 드린다. 간밤에 편안히 주무셨는지, 오늘은 무엇을 하고 지낼 예정이신지 여쭌다. 저녁에는 오늘은 무엇을 하고 지내셨는지 여쭙고 편안히 주무시라고 인사드린다. 전화 한 통 드리는 일이야 세상사 힘든 일과 비교하면 식은 죽 먹기 아닌가?

인간관계는 그런 것 같다. 세상을 살아가면서 주인공이 되려고 몸부림치기보다는 엑스트라로서 주인공을 빛나게 할 때 느끼는 기쁨을 아는 순간 삶의 스펙트럼이 확 넓어지는 것을 느끼게 된다. 그런 삶을 살다 보면 어느새 내 자식이 나를 그렇게 대해 주고 내 제자들이 나를 스승으로 인정해 주면서 내가 주인공으로 돼 가는 귀중한 체험을 하게 된다. 내가 부모님이나 스승님들을 공경하면서 배운 삶의 철학이다.

장인은 축적하는 사람

시행착오가 내공으로 쌓이려면

맛이란 지극히 주관적인 관점에서 눈과 코와 혀에서 느끼는 자극이다. 엄마가 해 준 음식이 세상에서 가장 맛있다고 얘기하는 것이 그런 이유에서다. 당연하지 않은가? 태어나서 가장 많이 길들여진 맛이 어머니가 만들어준 맛이다 보니 당연히 어머니가 해 준 음식이 가장 맛이 있을 것이다. 레시피를 짤 때도 가장 고심하는 부분이 그런 부분이다. 누군가를 만족시키려고 한쪽에 치우친 맛을 표현하면 당연히 반대쪽 맛을 좋아하는 사람들이 맛이 없다고 혹평하는 제품이 될 것을 알기 때문이다.

곡물은 보통으로 굽기보다는 조금 색이 진하게 나게 구워야 구수한 맛이 난다. 그래서 밥보다는 누룽지가 맛있다고 얘기한다. 하지만 많은 사람은 색이 진하면 암의 원인이 된다고 오해한다. 고기는 태우면 벤조피렌이라는 발암물질이 발생해서 암의 원인이 되는 것은 사실이다. 하지만 곡물은 전혀 그렇지 않다.

그런 관점에서 배합표를 만들다 보면 생각해야 할 부분이 많이 생기고, 이런 부분을 적용해서 만들다 보면 처음 생각했던 것과 전혀 다른 빵이 나와서 당황할 때도 있다. 끊임없이 구상하고 끊임없이 만들어 보는 과정에서 조금씩 나의 빵에 대한 철학을 대표할 빵이 하나씩 탄생하게 된다. 수많은 모방과 창작을 되풀이하면서 하나씩 구체적으로 나만의 빵이 탄생할 때 느끼는 행복과 희열은 무언가를 만들 수 있는 기술을 지닌 사람들만의 특권이다.

나만의 기록관리법

장인은 경험을 축적하는 자신만의 기록관리법을 갖고 있어야 한다. 아무리 대단한 경험이라도 기록해 두지 않으면 손아귀의 모래처럼 시간이 흐르면 사라진다. 동경제과학교에서 수업을 하면서 노트 정리에 심혈을 기울였다. 나중에 학교를 졸업하면 3년 동안 공부한 근거가 정리한 노트밖에 없을 것이라는 생각에서였다. 수업 중에 만든 제품을 촬영하기 위해서 N 카메라 회사에서 나온 카메라 바디 값만큼 비싼 매크로 렌즈를 사서 접사로 사진을 찍어 노트에 붙여 놓고 노트 정리를 하였다. 연속 동작으로 이루어진 기술은 비디오카메라로 촬영하여 파일로 저장해 놓았다.

프랑스에서는 학교가 아닌 일터에서 배웠기 때문에 사진 촬영이나 비디오 촬영을 할 수 없었다. 대신 조그만 서브 노트를 준비해서 공정들을 기록한 뒤 집에 돌아오면 잊어버리기 전에 서브 노트에 적힌 내용을 자세하게 노트에 옮겨 놓았다. 과자다 보니 칼라로 표시할 부분은 색연필로 꼼꼼하게 표시했다. 말이 정리지 새벽 4시에 출근해서 저녁 7시에 집에 돌아와 저녁 먹고 난 뒤 정리를 하고 있으면 몸이 땅바닥으로 끌려들어 가는 듯한 피로가 엄습했다. 하지만 가게에서 일한 것을 정리해 놓지 않으면 힘들여 프랑스에 온 의미가 없다고

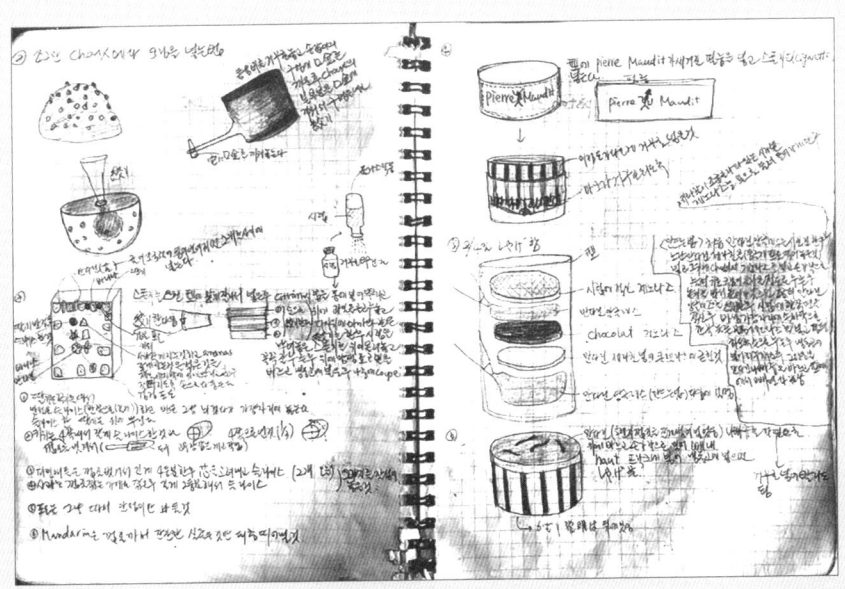

장인의 길

생각하고 아무리 피곤해도 정리를 마친 후에 잠을 잤다. 30년이 지난 지금도 동경제과학교 노트나 프랑스에서 정리한 노트 속의 제품을 참고해서 새로운 제품을 만들거나 새로운 아이디어를 낸다.

다른 장인의 길을 보며 나의 길을 다듬다

나는 제자들을 데리고 일본으로, 유럽으로 빵 투어를 다닌다. 제자들에게 좋은 경험과 빵집 구경을 시켜 주고 싶은 마음에서이기도 하지만, 전 세계의 다른 빵쟁이들이 무슨 빵을 만드는지, 요즘은 어떤 종류의 새로운 빵이 나왔는지 몹시 궁금해서다. 사람들의 입맛은 수시로 변하고, 그 변해 가는 입맛을 따라 변해 가는 빵의 흐름을 살펴보는 것은 너무나 흥미롭다. 물론 유럽 쪽의 빵은 주식 개념으로 살펴봐야 하고 우리나라나 일본의 빵은 간식 개념으로 봐야 하는 점에서 차이가 있지만 이제는 우리나라나 일본도 점차 식문화가 밥에서 빵으로 변해 가는 추세여서 유럽의 빵이 나에게는 많은 공부가 된다.

한때 우리나라에서는 일본의 영향 탓인지 주로 일본식의 앙금빵이나 소보로빵 등 소위 단과자 빵이라고 불리는 빵들이 주류를 이루고 있었다. 요즘은 식빵 전문점이 늘어나면서 일반인들이 빵에 대한 깊은 조예가 없이 밀가루에 여러 가지 충전물을 넣어서 충전물 맛으로 빵을 만들어 팔게 되었다. 그런 빵은 한 번 먹고 나면 두 번 먹기가 부담스럽다. 그런 이유에선지 차츰 식빵 전문점은 사양화하는 추세다.

내가 만들고자 하는 프랑스식 하드 계열 빵은 표피는 단단하고 내상은 쫄깃하기는 해도 일반적인 빵처럼 부드럽고 달달한 맛이 없다. 선뜻 소비자들이 들고 먹기에 부담스러운 빵이다. 일반적으로 달달하고 느끼한 빵을 비빔밥 같은 빵이라고 한다면 바게트처럼 담백한 빵은 맨밥 같은 빵이라고 말할 수 있다. 한 끼를 먹을 때는 비빔밥이 맛있을지 몰라도 그 비빔밥을 매일 세 끼씩 한 달간 먹으라고 한다면 질려서 못 먹을 것이다. 하지만 맨밥은 매일 세 끼를 평생 질리지 않고 먹을 수 있다. 즉 내가 만들고자 하는 빵은 화려한 맛은 없어도 밥처럼 매일 먹어도 질리지 않는 빵이다. 그래서 많은 관심을 두고 있는 빵이 중근동 지방의 원시적인 빵이다. 주로 음식과 더불어 먹는 그들의 빵이 궁극적으로 내가 표현하고자 하는 빵이다. 거기에 직접 재배해서 맷돌로 제분한 거친 통밀 가루를 첨가하고 북유럽 쪽 빵처럼 여러 잡곡을 넣어 만든다면 그 깊은 맛으로 생각만 해도 군침이 돌게 된다.

일본 빵 기술자들과 얘기를 하다 보면 많은 자극을 받는다. 단순하게 장사를 해서 얼마를 파느냐 같은 속물적인 얘기를 하는 게 아니다. 제품을 만드는 재료의 구성을 자세하게 설명하는 게 이야기의 대부분이다. 하도 주옥 같은 얘기가 많아 비디오로 찍어 보관하고 싶은 유혹을 느낄 정도다. 어느 나라의 어떤 밀은 맛이 어떻고 물성이 어떠하며 어떤 밀과 어떤 밀을 브랜딩했더니 어떤 맛이 나더라라는 얘기를 주고받는 모습이 부럽기만 하다.

  일전에 아들이 일본의 르방이란 빵집으로 빵 연수를 갔을 때 경험한 얘기를 내게 들려주었다. 일과가 끝날 무렵 공장장이 오늘 빵 파티가 있는데 참가할 의사가 있느냐고 아들에게 물어보았다고 한다. 아들이 간다고 대답했더니 회비가 1,500엔이라고 해서 회비를 내고 따라갔다고 하면서 파티 자리에서 그만 깜짝 놀랐다고 했다. 아들이 톡으로 보내온 내용은 정말 놀라웠다. 그 파티에는 20여명의 빵쟁이들이 참가했는데 시골에서 밀농사를 하는 농부와 빵집 한 곳이 콜라보해서 빵을 만들어 와서 시식을 시켰다는 내용이었다. 그 곳에 모인 이들은 함께 이집트에서 기원전 4000년부터 재배해 온 밀을 일본에 가져와 재배해서 빵을 만들거나, 스펠트 고대 밀이나 홋카이도나 각 지방을 대표하는 밀 등 평상시에 보기 어려운 밀로 빵을 만들어 빵쟁이들을 초청해서 파티를 열었다는 것이다. 나는 머리를 한 대 얻어맞은 듯 잠시 멍한 기분이 들었다. 그런 식으로 수많은 시도를 통해서 지금의 맛있는 일본 빵이 만들어졌다고 생각하니 질투심이 생겼다. 이 얘기를 계기로 우리나라도 하루빨리 제빵 기술자들이 협력해서 공부하는 분위기를 만들어 가야겠다는 생각을 하게 되어 사단법인 대한제빵협회를 결성하였다.

4장

장인의 장사

"환난의 시대에 새벽 3시부터 새벽 1시까지
몸으로 때워 가면서 하는 장사의 한계를
어떻게 하면 극복해 나갈지 심각하게 고민했다"

장인의 장사

내 이름을 걸고 장사를 한다는 것

　1997년, IMF 사태가 발생했다. 대한민국의 모든 경제 시스템이 붕괴하는 초유의 사태를 맞은 국민은 이 난국을 어떻게 헤쳐 나가야 할지 갈피를 잡지 못했다. 1996년 4월, 나는 4년 6개월 동안 근무했던 나폴레옹 제과점을 그만두고, 숙모님이 송파에 있는 올림픽 상가에서 경영하시던 프랜차이즈 제과점을 이어받았다. 이름을 '곽지원 과자공방'이라고 바꾸고 처음으로 내 이름을 걸고 제과점을 시작했다.

　그동안의 경험과 실력을 바탕으로 나름 자신 있게 시작했지만, 이미 자리가 잡힌 이름 있는 제과점에서의 공장장 생활과 이제 막 걸음마를 뗀 신규 제과점은 생각 이상으로 차이가 컸다. 더군다나 IMF의 험난한 경제 위기 속에서 시작한 제과점 경영은 매일매일이 전쟁이었다. 그동안 쌓은 경력을 실전무대에서 혹독하게 테스트하게 된 것이다.

　게다가 같은 상가에는 이미 경쟁 상대인 제과점이 다섯 개나 있었다. 살아남기 위해서는 뭔가 뛰어난 마케팅 전략이 필요했다. 새벽 5시에 따뜻한 식빵을 만들어 집집이 배달하거나 매월 고객 15명을 공장으로 초대해서 세미나를 열었다. 말이 새벽 5시지, 그 시각에 식빵이 나오려면 적어도 3시에는 출근해서 빵을 만들어야 했다. 너무 이른 시간이다 보니 직원들을 시킬 수는 없고 내가 직접 3시에 나와서 빵을 굽고 5시에 따뜻한 빵을 배달했다.

세미나를 여는 이유는 고객과 그 가족들이 먹는 제품이 어떤 환경에서 만들어지는지를 보여 주고 싶어서였다. 빵을 구매하기 위해 들르는 매장은 눈에 보여서 어떤 환경인지 잘 알 테지만, 그 제품을 만드는 공장을 본 고객은 없었다. 그러나 일반 고객들에게 공장을 개방한다는 것은 쉽지 않았다. 잘못해서 공장이 지저분하거나 뭔가 문제가 있으면 오히려 역효과를 낼 수도 있기 때문이었다.

하지만 과감하게 공장을 개방하고 고객들을 초대해서 세미나의 취지를 말씀 드리고 함께 제품을 만들며 신뢰를 쌓았다. 옆에서 도와주는 직원들과 함께 어우러져 과자들을 만드는 시간은 제과점을 알리는 데 최고의 효과를 가져왔다. 이렇게 해서 우리 빵공방에서 과자 만들기 체험을 한 고객은 10년 동안 1,000명이 넘는다. 이분들은 그 어떤 광고 효과와도 비교가 불가능할 정도로 막강한 위력을 발휘했다.

이런 노력의 결과로 IMF 중에도 우리 가게는 손님들이 줄을 서서 빵과 케이크를 구매할 정도로 성황을 이뤘다. 내가 활발하게 TV에 출연해서 활동한 것도 효과가 있었다. 당시의 암울한 분위기에서 빵집을 하기 전에 걸어온 내 경력이 많은 사람에게 희망을 준다고 생각해서인지 방송 섭외가 많았다. 덕분에 매장 매상도 상승했다. 규모도 커져 제과점은 세 군데로 늘었다.

앞으로 벌고 뒤로 밑지는 장사

매장이 세 군데로 늘면서 임대료만 해도 한 달에 1,000만 원 가깝게 지출되었다. 매상이 느는 만큼 직원들을 충원하다 보니 인건비 또한 비례해서 늘어났다. 게다가 중국 시장 영향으로 외국에서 수입하는 재료비 가격이 올라 제과점 운영에 상당한 부담이 되었다. 쉽게 말해 겉은 화려한데 이익은 별로인 내실 없는 제과점 운영을 하고 있었다.

경기가 어려운 상황이었는데도 건물주는 해마다 임대료를 상식 이하로 올렸다. IMF 때라 전국적으로 경기가 얼어붙었는데도 장사가 잘되니까 계속해서 자기 점포에서 장사하는 것 아니냐며 임대료 인상이 당연하다는 듯 얘기할 때는 할 말을 잊었다. 매년 임대 계약을 갱신할 무렵이 되면 올해는 얼마나 올려 달라고 할지 불안한 마음으로 엄청 스트레스를 받았다. 여담이지만 15년이 흐른 후 그 건물주를 다시 만날 기회가 있었다. 그분이 잠실 롯데백화점에 있는 '여섯시 오븐 빵집' 앞에 붙은 내 사진을 보고 나를 일부러 찾아왔다. 자기 점포가 비어 있는데 할 사람은 나밖에 없는 것 같다면서 혹시 다시 할 의향이 없느냐고 넌지시 떠보는 거였다. 단호하게 거절하면서 얼마나 통쾌했는지 모른다.

    IMF로 인해 경기는 점점 더 안 좋아졌다. 모두가 어려운 상태에서 장사가 잘될수록 재료비가 상승하고 직원도 더 필요해져 인건비가 상승했지만 IMF 때라 상품 가격을 많이 올릴 수 없어서 잘 팔릴수록 이익이 안 남는 묘한 경험을 했다. 이런 경험을 통하여 장사를 하면서 이익을 남기기 위해서는 인건비와 재료비와 매상의 비례 관계를 잘 구성하지 못하면 장사 잘하고 손해 보는, 겉만 화려하고 내실이 없는 장사가 될 수도 있다는 것을 알았다. 어쨌든 이익은 박해도 대부분의 산업 기반이 무너져 가는 비상시국에 망하지 않고 장사를 한다는 것이 얼마나 다행인 일인지 새삼 먹는장사를 택한 것이 현명한 선택이었다는 것을 깨닫기도 했다. 이런 경험은 이번 코로나 사태에도 똑같이 적용되었다. 원체 코로나의 전염력이 강하다 보니 사람들은 서울 시내에서 활동하기보다는 툭 터진 서울 근교로 자주 나오게 되고, 나온 김에 건강한 빵을 사간다는 식의 패턴으로 기존 매상보다도 더 잘 팔리는 기현상이 일어나고 있다.

외딴 양수리에 빵집을 연 이유

    나는 한국에서 IMF와 함께 빵 장사를 시작했다. 그 환난의 시대에 새벽 3시부터 새벽 1시까지 몸으로 때워 가면서 하는 장사의 한계를 어떻게 하면 극복해 나갈지 심각하게 고민했다. 시대의 흐름은 엄청난 변화를 시작하고 있었다. 그 변화의 흐름 앞에서 이끌고 가지는 못할망정 남들보다 한 발은 앞서 나가야 한다는 위기감을 느꼈다. 그러기 위해서는 어떻게 행동해야 하는가에 대한 답을 찾기 위해 우리보다 조금은 앞서가고 있는 선진국의 경우를 면밀히 검토하기 시작했다.

미래에는 다음과 같은 문제로 제과점을 경영하기가 어려울 거라는 결론을 얻었고, 어떻게 해야 이 문제의 해결책을 얻을 수 있을지가 늘 풀리지 않는 숙제로 머릿속을 맴돌았다. 첫째는 저출산으로 인한 노동력의 감소로 공장에서 일할 직원의 수급이 어려워지는 문제였고, 둘째는 신용카드가 보편화되면서 세원이 100% 밝혀지면 실패해서 제품화되지 못한 재료분과 팔리지 않아 버리거나 처분해야 하는 재고분은 고스란히 경영주에게 손실이 된다는 문제였다. 셋째는 수입 재료가 90% 이상을 차지하는 제과나 제빵 사업이 중국 시장의 팽창으로 인해 재료비가 인상돼 어려워지는 문제였다. 이 세 가지 문제와 한 달에 1,000만 원이 넘는 임대료로 인해 앞으로 제과점을 운영하기는 점점 더 어려워질 것으로 예측했다. 그래서 나는 곽지원 과자공방이 10년이 되는 해에 다른 곳으로 이전하기로 결심했다.

이전하기 몇 년 전부터 이전할 장소를 찾아 이리저리 물색하기 시작했다. 가장 유력한 장소로 양수리 쪽을 결정하고 여러 가지 조건에 맞는 곳을 찾았다. 나는 다음과 같은 두 가지 점에서 서울 근교로 나가서 장사를 해도 괜찮을 거라고 믿었다. 첫째는 앞으로 자동차 문화가 비약적으로 발전할 테니 좋은 제품을 만들고 있으면 외곽으로 나가도 반드시 고객들이 찾아올 거라는 생각이었고, 둘째는 SNS와 매스컴의 발전으로 어디에서 장사를 해도 손님들에게 알려질 거라는 판단이었다. 빵집이 어디에 있건 장소에 그다지 영향을 받지 않고 장사할 수 있는 시대가 오리라고 확신했다. 이전까지는 제과점에 오시는 손님의 대부분이 동네사람들이어서 제과점이 위치한 목이 중요했다면 이제부터는 손님들이 멀리서 찾아올 거라는 확신이 있었다. 20년 전에 모든 것을 버리고 일본으로 떠났을 때처럼 10년 후를 향해 다시 한 번 주사위를 던지자고 아내를 설득했다.

전 세계 어떤 민족을 돌아봐도 음식을 먹으면서 이 음식은 머리에 좋고 저 음식은 간에 좋다고 따지면서 먹는 민족은 우리나라 사람밖에 없다. 그러니 건강한 빵을 만들고 있으면 반드시 우리 빵을 찾아올 거라는 자신이 있었다. 양수리로 이사를 가기로 결정하고 본격적으로 집을 찾기 시작했다.

2006년 5월의 어느 봄날, 그동안 몇 번인가 양수리 부근의 집을 소개해 줬던 부동산 사무실에서 전화가 왔다. 내가 찾는 조건에 적합한 집이 양수리에 나왔다는 전화였다. 가서 보니 집은 시골집이라 깨끗하지는 않아도 집의 앞뒤로 모내기가 끝난 논이 있었고 따스한 봄 햇살에 어디선가 들리는 뻐꾸기의 울음소리가 너무 평화롭게 느껴져 두말없이 그 집을 사기로 결정했다. 주위에는 장사가 잘되는데 왜 옮기느냐고 말리는 사람이 많았다. 우리는 현재 때문에 옮기는 것이 아니라 10년 이후의 미래를 대비해서 옮기는 것이라고 얘기를 해도 그 말을 이해하는 사람은 거의 없었다. 그래도 나의 뜻은 굳건했다. 지금까지 10년 동안 해온 장사와 앞으로 해야 할 10년간의 장사를 비교해 보면 위에서 열거한 3가지 문제 때문에 도저히 답이 안 나오는데 그곳에서 장사를 계속한다는 것은 바보 같은 짓이라고 생각했다.

나만의 빵을 추구하는 양수리 빵집

양수리로 들어오며 예전부터 꿈꿔 왔던 나만의 빵을 만들 준비를 시작했다. 보통 제과점에서 빵을 만들 때 쓰는 주재료는 밀가루와 우유, 버터, 달걀, 설탕, 이스트 등이다. 밀가루는 주로 수입 밀가루를 쓰는데, 거대한 농토에 비행기로 씨를 뿌리고 농업이 기계화된 미국, 캐나다 같은 곳에서 수입하는 것이 싸기 때문이다. 그러나 몇 개월 동안 탱크선에 싣고 오느라 벌레와 발아 등이 발생할 수 있어서 이를 해결하기 위하여 약제를 사용하는 등 이런저런 문제점이 발생할 수밖에 없다. 그 외에 들어가는 재료들도 명쾌하게 해명되지 않는 부분이 있어서 선뜻 사용하기가 망설여진다. 밀가루를 빵으로 부풀리려면 효모가 필요한데 대부분의 빵집에서는 키우기 어려운 천연효모종보다는 이스트를 사용해서 빵을 만들고 있다.

나는 먹은 후에도 속이 더부룩하지 않고 소화가 잘되고 매일 먹을 수 있는 질리지 않는 건강한 빵을 추구한다. 그런 나만의 빵을 만들기 위해서 빵의 기본 재료부터 다시 구하고 싶었다. 빵집을 내면 사용하려고 집에 양과 닭, 오리 등을 키워 산양유와 유정란을 얻었고, 밭을 일궈서 토마토를 비롯해 각종 채소를 농약과 화학비료를 쓰지 않고 재배했다. 전국에 밀을 재배하는 농가를 찾아 국산 밀을 확보했다.

빵을 굽는 방법도 새롭게 고민했다. 일본 전국을 돌며 장작 가마로 유명한 빵집을 보고 쌓았던 경험을 토대로 세상에 단 하나밖에 없는 나만의 장작 가마를 몇 달에 걸쳐서 혼자 황토 벽돌을 이용해서 만들었다. 참나무 장작을 때서 가마 내부 온도를 350°C까지 올린 후 천연 효모종으로 발효한 빵을 굽는 연습을 계속했다. 일반 전기오븐이 리크롬선을 감아 발열시켜서 빵을 굽는 시스템이라면 장작 가마는 뜨거운 열을 가마벽에 저장했다가 복사열로 빵을 굽기 때문에 굽는 매커니즘이 전혀 달랐다.

게다가 장작 가마로 빵을 구우면 덤으로 참나무에서 나온 연기가 훈제시켜 주기 때문에 빵에서 나는 향이 뭐라 표현하지 못할 만큼 맛있다. 몇 년 전에 아내와 둘이서 그리스의 로도스라는 섬에 갔을 때 할아버지가 장작 가마로 빵을 만드는 집에 들러 올리브 나무를 때서 만든 빵을 사서 먹은 적이 있었다. 올리브 나무의 향과 빵의 향이 어우러진 그 빵 맛을 잊을 수가 없었는데 우리나라에서 올리브 나무를 구한다는 것은 너무나 어려운 일이고 올리브나무 대신 나름 독특한 향이 있는 참나무를 장작으로 때서 만든 빵도 너무나 맛있었다.

남들과 다른 새롭고 독특한 방법으로 뭔가를 하고 있으면 매체는

그것을 방송으로 내보내고 싶어 한다. 가마에 장작불을 때서 빵을 만드는 것이 TV에 소개되었다. 방송을 본 나는 이제는 빵집을 낼 시기가 됐다고 생각하고 본격적으로 양수리 시내 안에서 빵집을 차릴 만한 자리를 찾기 시작했다.

그리고 새로운 형태의 빵집을 구체적으로 생각하기 시작했다. 어떻게 시스템을 짜야 혼자서 빵집을 운영할 수 있을까 하는 문제가 늘 머릿속을 맴돌았다. 그러다 내린 결론은 내가 직접 혼자서 빵집을 운영해 보아야 이 문제를 풀 수 있지, 그렇지 않고 머릿속으로 구상만 해서는 해결할 수 없다는 것이었다. 내가 왜 혼자 하는 빵집 시스템을 만들려고 노력했는지는 앞서 얘기했던 세 가지 이유와 연관이 있다. 저출산으로 노동력을 구하기가 어려워질 것에 대비해야 하고, 망하지 않으려면 비용 절감이 가장 중요하다고 생각했기 때문이다. 뜻하지 않게 코로나19 사태를 겪으면서 다시 한 번 혼자 하는 빵집이 얼마나 좋은 시스템인지를 뼈저리게 느끼고 있다.

양수리의 빵 실험

양수리로 이사 와 차근차근 계획했던 대로 꿈을 이뤄 나가기 시작했다. 산양과 토종닭, 오리를 키워서 젖과 유정란을 얻고 모든 채소를 밭에서 직접 재배했다. 우리 밀로 빵을 만드는 것을 추구했기에 밀을 재배해서 그 밀로 빵을 구워도 보고 이스트를 사용하지 않고 직접 키운 천연효모종으로 빵을 만드는 실험을 계속했다. 앞으로 살아남는 빵집은 혼자 만들고 혼자 판매하는 형태의 건강한 빵집밖에 없으리라는 확신으로 양수리에 들어왔기에 어떤 식으로 빵집을 운영할 것인가에 대한 연구를 계속했다.

혼자서 빵집을 운영하기 위해서는 지금까지 해 왔던 과자와 빵을 같이 하는 형태의 제과점이 아닌, 일본이나 프랑스처럼 빵과 과자를 나눠서 전문적인 빵집과 전문적인 과자점으로 분리하는 것이 효과적일 거라고 판단했다. 그리고 건강한 먹거리를 만들기 위해서는 빵 쪽을 선택해야겠다고 생각했다. 과자는 설탕이나 버터, 달걀 등을 많이 넣고 만들기 때문에 건강식이라고 말하기가 어렵지만, 빵은 재료 선정을 잘하면 건강하게 만드는 것이 가능하기 때문이다. 한마디로 얘기하면 빵은 주식이고 과자는 간식이다. 개인적으로는 과자 만드는 것을 좋아하고 잘 만들 수 있다고 자부하지만 둘 중의 하나를 선택해야 한다면 설탕이나 버터, 달걀 등을 넣지 않아도 건강하고 맛있게 만들 수 있는 빵이 정답이라고 생각했다.

거기에 한 가지를 덧붙이자면 시내에서는 화재 위험 때문에 불가능하지만 이곳은 시골이기 때문에 장작 가마로 불을 때서 빵을 굽는다면 맛있고 건강한 빵을 만들 수 있겠다고 생각했다. 시골 생활에 적응하기 위해서 이리저리 분주하게 움직이고 있었다.

양수리에서 혼자 하는 빵집을 열다

양수리 골목길에 '곽지원 빵공방'이란 이름을 걸고 빵집을 열었다. 생각과 계획은 멋있었지만 현실은 전혀 정반대였다. 지나다니는 행인들도 없고 설마 이런 곳에 빵집이 있으리라고는 상상이 안 되는 곳에 빵집을 하고 있으니 매상이 오를 리가 없었다. 물론 내가 세운 원대한 계획은 외지에서 오신 분들이 청정지역 두물머리를 구경하고 돌아가는 길에 들르는 건강빵집, 직장생활을 하다 은퇴하고 양수리 주변에 살고 있는 건강한 먹거리에 관심이 많은 분들이 우리 빵을 알아줄 거라는 생각이었다.

하지만 이런 빵집은 알려지기까지 시간이 많이 걸린다. 아내가 벌어오는 돈과 일주일에 한 번 대학에 출강해서 번 강의료로 그럭저럭

생활이 됐지만, 가게에서 만든 빵이 손님이 한 명도 없이 몽땅 재고로 남을 때의 허무함과 절망감은 정말로 참기 어려웠다. 언젠가는 잘될 거라고 계획을 세웠고 이럴 거라는 걸 알고 시작했지만 그 기약 없는 '언젠가'가 과연 언제인가가 나를 힘들게 하였다. 다행히 내 건물이라 집세가 안 나가서 버텼지 만일 매월 집세를 냈었다면 더 많은 고민을 했으리라 생각한다.

하지만 그런 고민은 약 3개월 만에 역전이 됐다. 내가 예측한 대로 건강빵을 만들고 있는 우리 가게가 TV에 방송된 것이다. 꾸준하게 SNS를 통해서 건강빵을 홍보한 것이 방송관계자들의 눈에 띈 것이다. 산양에서 젖을 짜고 직접 키운 닭에서 난 신선한 달걀과 오리알, 밭에서 딴 토마토 등으로 만드는 우리 빵이 매스컴의 주목을 받은 것이다. 한번 매스컴을 타게 되자 타 방송국에서도 관심을 두게 되어 자연스럽게 가게가 알려지면서 손님이 많이 찾아오게 되었다. 그러면서 내가 머릿속으로만 구상하고 있었던 혼자 하는 빵집의 얼개그림이 하나씩 구체적으로 그려지기 시작했다. 직접 혼자 하면서 생기는 여러 가지 문제점을 보완해 가면서 하다 보니 혼자 하는 빵집의 그림이 빨리 자리를 잡아 갔다.

혼자 하는 빵집의 운영 목표는 이랬다. 우선 반죽을 만들어서 도우콘디셔너나 냉장고에 넣고 저온에서 장시간 발효한 뒤 다음 날 새벽 5시나 6시에 출근하자마자 꺼내 빵을 만들기 시작해 오전 9시나 10시쯤에 하루에 판매할 빵을 다 만든다. 그리고 나서 판매를 하다가 오후 3~4시경에 다시 다음 날 사용할 반죽을 만들기 시작해 대략 6시쯤에 마친다. 그리고 가능하다면 7시까지는 빵을 모두 팔고 집에 와서 가족과 함께 맛있게 저녁을 먹는 것이었다.

   잡다한 재료를 넣고 만들어 달달하고 느끼한 빵은 그 맛으로 먹지만, 우리처럼 심플 담백한 빵은 1차 발효를 하는 과정에서 효모들이 만들어 내는 여러 생성물이 풍미를 더해 준다. 그래서 1차 발효 시간이 길면 빵 맛이 좋아지는데 무조건 길다고 좋아지는 것은 아니다. 발효할 때는 유산균과 초산균의 번식도 왕성해져서 빵의 산미도 같이 강해지는데, 산미가 강해지면 글루텐이 늘어지게 되어 빵이 부풀지 못하고 쳐지게 된다. 이런 현상을 억제하기 위해서 저온에서 장시간 1차 발효를 하면 엄청나게 맛있는 풍미의 빵을 만들 수가 있다. 그래서 이런 장점을 살릴 겸 전날 반죽해서 하룻밤 동안 저온에서 장시간 발효를 시키면서 빵집의 공정을 혼자 해도 가능한 시스템으로 만드는데 성공했다. 우리 아카데미 출신 제자들도 대부분 이런 시스템으로 혼자 빵을 굽는 1인 빵집을 운영하고 있는데 이번 코로나 사태에도 망하지 않고 잘 운영하고 있다. 혼자 하는 빵집의 장점이 무엇인지를 다시 한 번 깨닫는다.

장사도, 인생도, 위기와 행운의 변주곡

   양수리로 이사 왔지만 이 부근에서는 체육관을 찾기가 쉽지 않아

예전에 다니던 송파에 있는 체육관으로 아침마다 운동을 하러 다녔다. 하루는 운동을 끝내고 집에 오는데 귓속에서 물소리가 들렸다. 수영하다 보면 귀에 물이 들어가 덜그럭덜그럭 물소리가 나는 경우가 흔히 있는데 물을 빼내려 이런저런 시도를 해 봐도 계속 물소리가 났다. 일주일 이상을 물소리 때문에 고생하다가 동네 이비인후과에 가서 검사를 했다. 검사 결과는 고막 바깥쪽이 아니라 고막 안쪽에서 물이 고여서 소리가 난다는 것이었다. 처방해 준 약을 먹으면 귀 안쪽의 물이 말라서 없어질 거라고 하기에 왜 갑자기 귀 안쪽에 물이 차느냐고 물어보았다. 그러자 의사 선생님은 살다 보면 뚜렷한 이유 없이도 그럴 때가 있다고 대수롭지 않게 대답했다.

그때 마침 친척 한 분이 신촌에 있는 S병원 이비인후과에서 귀를 전문으로 보고 있어서 전화를 했다. 그랬더니 다음 날 소견서를 받아서 병원으로 오라는 것이었다. 다음 날 S병원에 가서 귓속을 검사했더니 귀에 찬 물은 큰 문제는 없는 것 같고 목을 한번 보자고 해서 옆방으로 갔다. 내시경으로 목 안을 보더니 목 안쪽에 조그마한 혹이 하나 있으니 조직검사를 해 보자고 했다. 조직검사를 해 보자는 말에 뭔가 느낌이 좋지 않았다. 조직검사가 약 일주일 정도 걸린다고 해서 기다리는데 일주일이 지나도록 연락이 안 왔다. 불안한 마음에 한번 전화를 해 볼까 하다가 너무 유난 떠는 것 같아 마냥 기다리고 있었다. 3일이 더 지나서 연락이 왔다. 임파선암이니까 입원 준비를 해서 나오라는 것이었다. 조직검사를 해 보니 결과가 암으로 나와 혹시나 해서 재검사를 하느라 시간이 3일 더 걸렸다는 것이었다.

　암 선고를 받은 사람은 대부분 다 같은 심정이겠지만 '인생이 이걸로 끝나는구나' 하는 서글픈 마음이 들었다. 병원으로 향하는 발걸음은 무겁기만 했다. 처음 귀에 물이 차서 병원에 간 것이 12월이었으니 운명이란 묘하다는 생각을 또 한 번 하게 되었다. 그해 4월에 제과점을 정리하고 5월에 양수리에 집을 사고, 8월에 이사 와서, 12월에 귀에서 나는 물소리 때문에 암을 발견했으니 운명이라는 것이 묘하다는 생각이 들었다. 만약 제과점을 운영하고 있었다면 12월에 한가하게 병원에 갈 틈이 없었을 것이다. 친척 의사의 말처럼 운이 좋았다고 생각했다. 동네 이비인후과에서 처방해 준 대로 약을 먹고 귀에서 물이 마르면 잊고 지나다가 어디에선가 다시 문제가 생기면 다시 동네 병원에서 해결하기를 반복하다가 종합병원에 올 때쯤이면 손쓸 수 없을 정도로 병이 진전되어 나타나는 경우가 많은데 이렇게 초기에 병원에 온 것만 해도 운이 좋았다는 것이다. 따지고 보면 옳은 얘기였다.

　한번은 나폴레옹 제과점에서 근무할 때 귀국한 지도 어느 정도 시간이 흘렀고 자동차가 필요해서 벤츠 자동차 수입 전문회사인 S사에 자동차를 한 대 구매하겠다고 전화를 걸었다. 상담을 끝낸 직원이 그 제과점 사장님이냐고 물어서 이 제과점에서 일하는 직원이라고 했더니 다음 날 오겠다는 담당 직원이 차를 판매하러 오질 않았다. 지금은 그때 나에게 차를 판매한 딜러와 30년이 넘게 친하게 지내고 있지만, 당시에는 아마도 제과점 사장도 아닌 일개 직원이 외제 고급차를 구매하겠다고 문의해서 무시하지 않았나 생각한다. 자존심이 상해 홧김에 차를 구매했는데 그로부터 1년 후에 그 차를 타고 새벽 2시에 출근하다가 자동차를 폐차할 정도로 엄청나게 큰 사고를 당했다. 좋은 차 덕분에 털끝 하나 다치지 않았던 일을 생각하면 과연 그때 그 차를 사지 않았다면 어떻게 됐을까 싶어 모골이 서늘해진다.

또 한 번은 빵 만드는 일을 끝내고 밤 11시쯤 너무 피곤해서 올림픽 상가 2층에 있는 아내의 학원에서 잠깐 잠이 들었다. 더운 여름날이라 선풍기를 틀어 놓은 채였다. 그때 내가 뒤척이면서 선풍기를 넘어뜨렸고 넘어진 선풍기가 과열되어 불이 났다. 평상시 같으면 그 시각에 아내가 2층에 올라올 일이 없었는데 때마침 우연히 교실로 올라왔다가 바닥에 불이 붙어서 자고 있는 내 옆으로 번지는 것을 보고 빨리 꺼서 큰불로 번지지 않았다. 만약 그 큰 상가가 나로 인해 화재로 불탔다면 어떻게 됐을까? 상상하기도 두렵다. 그 외에도 어느 비 오는 날 화덕을 만들고 가스로 빵 구울 준비를 하다가 가스가 터진 일도 있었다. 내린 비에 장작이 젖어서 생긴 사고였다. 이 사고로 얼굴을 포함해 상반신에 화상을 입고 병원에서 치료를 받았는데 얼굴에 화상 자국이 전혀 남지 않았다. 살아가면서 되도록이면 이런 일들을 겪지 않는 것이 좋을 것이다. 하지만 큰 사고를 겪으면서 얻는 인생 공부도 있다. 나를 강하게 만들어 주기도 하고 매사에 겸손하고 감사하는 인간으로 만들어 준다.

항암치료를 하면서 대학에서 강의를 하기는 힘들 것 같아 K대학교에 해당 학기에는 강의가 어렵다고 통보했다. 하지만 이미 학생들이 수강 신청을 다 해 놓아 취소하기가 어려우니 되도록이면 강의를 해 달라는 연락을 받고 하는 수 없이 출강을 했다. 항암 치료를 받는 동안 머리가 빠져 삭발을 했지만 원래부터 짧은 머리를 하고 있어서 표시가 나지 않았다. 얼굴색도 무척 건강해 보여서 주위의 누구도 내가 항암치료를 받고 있으리라고는 생각하지 않았다. 술, 담배를 하지 않고 평상시에 열심히 체력과 건강 관리를 하고 있다고 해서 암에 걸리지 않는 건 아니다. 누구나 암에 걸릴 수 있다. 하지만 암에 걸렸을 때 평소 건강 관리를 한 사람과 그렇지 않은 사람이 치료를 받을 때 입는 데미지는 전혀 다르다는 것을 알았다.

항암 주사를 3번 맞고 종합 검사를 했더니 암이 없어졌다는 결과가 나왔다. 담당 의사가 그래도 조금 불안하니 한 번 더 주사를 맞자고 해서 항암 주사를 총 4번 맞았다. 한 가지 다행이었던 것은 식욕이 없어서 음식을 억지로 겨우 먹는 어려움은 있어도 항암 주사 후유증으로 알려진 구토나 여러 가지 증상이 한 번도 나를 괴롭히지 않았다는 점이다. 항암 주사 4번을 끝내고 혹시나 해서 보완책으로 방사선 치료를 17번 받았다. 강의는 원래는 일주일에 하루 오전 오후 두 번 하기로 했었는데, 방사선 치료를 오전에 매일 해야 해서 수업을 오후로 변경하고 일주일에 이틀간 출강했다. 처음에는 목요일과 금요일에 한 번씩 주사를 맞다가 그다음 주부터 월, 화, 수, 목, 금요일에 각각 한 번씩 3주 동안 치료를 받게 되어 오전에 방사선 치료를 받고 오후에 학교에 가서 강의를 했다.

내가 맡은 수업은 이론 강의가 아니라 전부 빵과 과자를 만드는 실습이다 보니 계속 움직이면서 수업을 하다 보면 컨디션이 점점 안 좋아지는 느낌이 들었다. 항암 주사를 맞을 때보다 방사선 치료가 더 힘들었다. 그래도 학생들에게 그런 모습을 보이지 않으려고 악착같이 노력했다. 마지막 종강 날 사실은 내가 이런 상황이었다고 얘기하고 혹시나 수업 중에 뭔가 부족한 부분이 있었다면 이해해 달라고 양해를 구했다. 학생들이 모두 깜짝 놀라며 전혀 몰랐다고 말하는 것을 듣고 안도했다.

방사선 치료를 받는 3주가 정말 길게 느껴졌다. 마지막 방사선 치료를 받고 힘든 몸을 이끌고 집에 돌아오니 아내가 뒷산으로 산책하러 나가자고 했다. 마지막 치료를 받았다는 안도감 때문인지 오늘은 정말 힘들다고 하면서 장모님과 둘이서 다녀오라고 얘기하고는 얼핏 잠이 들었다. 뭔가 소란스러운 것 같아 눈을 떠 보니 아내가 뒷산에서 산삼 두 뿌리를 캐 왔다고 나를 깨웠다. 매일 다니는 뒷산에서 산삼을 캤다는 것이 너무 의아해서 일어나 보니 말로만 듣던 산삼 두 뿌리가 있었다. 순간순간 위기 때마다 거짓말처럼 찾아와 주는 행운에 '삶이란 무엇이지?'라고 다시 한 번 생각하게 되었다.

5장

절대 망하지 않는 장사의 20가지 비결

"한때 잘나가는 장사보다는
은은하게 망하지 않고 오래가는 장사를 진지하게
생각할 때가 되었다고 생각한다"

절대 망하지 않는 장사의 20가지 비결

망하지 않는 장사를 목표로 하라

장사는 참 묘하다는 생각을 할 때가 많다. 누가 봐도 목이 좋고 장사가 잘될 것 같은데 손님이 없어 고전하는 곳이 있는가 하면 '아니 이런 곳에서 장사가 돼?' 하고 들어가 보면 손님들로 가득 차 있는 곳도 있다. 새삼 장사가 어렵다는 생각이 든다. 맛이 좋냐 하면 그저 그런 것 같은데 손님이 몰리는 가게가 있고, 맛도 좋고 목도 좋은데도 장사가 안되는 가게를 보면 저절로 운칠기삼이란 단어가 떠오른다. 아마도 장사란 운이 7 정도 되고 노력이 3 정도 된다는 의미가 아닐까?

일견 수긍이 가는 점도 있지만 운인 7에다 모든 것을 걸고 장사하기에는 뭔가 찝찝한 부분이 있는 것도 사실이다. 장사를 하다 보면 오전부터 손님들이 밀려와서 오늘 장사는 대박 날 것 같다고 기뻐하면 오후에는 갑자기 손님이 덜 오고, 오전에는 손님이 없어서 오늘 공치는 것 아니냐고 걱정하고 있으면 오후에는 손님들이 오셔서 적당히 하루 팔아야 할 물량이 소비된다. 일주일 단위로 봐도 주중에는 조금 장사가 덜 되고 주말에는 주중보다 장사가 잘된다. 월 단위로 봐도 그렇고, 연 단위로 봐도 한겨울에는 장사가 조금 덜 되고 봄, 가을에는 장사가 잘된다. 꾸준히 잘되는 장사는 그다지 많지 않은 것 같다.

그래서 내가 내린 결론이 '장사해서 돈을 벌기는 쉽지가 않다'는 것이다. 나의 장사 철학은 내 개인적인 경험을 바탕으로 한 개똥철학이다. 돈을 버는 장사보다는 망하지 않는 장사를 목표로 삼는다. 망하지 않는 장사를 하려면 여러 가지 방법이 있겠지만 내가 최선의 방법이라고 생각하는 것은 직접 기술을 배워 내 기술로 장사하는 것이다. 돈은 힘들게 벌어야 한다는 의미이다.

주위를 돌아보면 장사를 폼생폼사로 하는 사람이 의외로 많다. 큰 건물에 엄청난 돈을 들여서 인테리어를 하고 많은 직원을 고용해서 장사하다 보면 처음에는 손님이 많이 오는 것처럼 보여도 이런 손님들은 다른 곳에 더 큰 가게가 생기면 바로 옮겨가는 철새 손님이 대부분이어서 어느 정도 시간이 지나면 점점 손님의 숫자가 줄어드는 것이 보인다. 주차장에 차가 가득하면 돈 벌었다고 소문만 무성하지, 실제 손익을 따져보면 별 볼 일 없는 경우를 주위에서 많이 볼 수 있다.

장사를 안 해본 분들은 잘 이해되지 않겠지만 장사란 안돼도 망하고 잘돼도 망할 때가 있다. 안될 때야 당연히 망할 수도 있겠지만 잘될 때도 접을 수 있다는 것이 장사가 어려운 점이다. 나폴레옹 제과점에서 근무할 때의 일이다. 가까운 곳에 돌솥 밥집이 생겼는데 줄을 서서 먹어야 할 정도로 장사가 잘됐다. 요즘이야 돌솥밥이 무엇인지 다들 알고 있지만, 그 당시에는 돌솥밥이 아주 생소해서 관심을 끌기도 했고 밥 자체도 맛이 있을 뿐더러 다 먹고 난 뒤의 돌솥에 물을 부어 먹는 누룽지는 정말 인기가 있었다. 매일 손님들로 문전성시였으니 매출도 무척 많았을 것이다.

그러던 가게가 6개월을 못 버티고 문을 닫았다. 알고 보니 일하는 종업원들이 무거운 돌솥을 매일 들고 나르느라 손목 인대가 아파서 그만두기 일쑤였고, 비슷한 상황이 반복되자 주인도 지쳐서 가게 문을 닫았다는 것이다. 그때 알았다. 장사가 잘돼도 문을 닫을 수가 있다는 것을. 한마디로 장사는 외부에서 주는 어떤 충격으로 쓰러질 수 있지만 자기 자신과의 싸움에서 졌을 때도 접을 수 있다는 것을 알게 된 것이다.

갑자기 찾아오는 행운은 꼭 복福이라기보다는 화禍일 경우도 많다. 그 행운을 기꺼이 받아들일 정도의 내공과 그릇을 갖추고 있다면 복이겠지만, 받아들일 준비가 되어 있지 않았을 때 갑자기 들이 닥친 행운은 화를 불러오는 경우를 많이 본다. 수도꼭지를 틀어서 물을 받을 때 얕은 접시는 물이 세게 떨어질수록 받는 물이 적지만, 속이 깊은 그릇은 센 물이든 약한 물이든 많이 받을 수 있는 것을 보면 알 수 있다.

장사도 똑같다. 오랜 고생을 견디고 장사에 성공한 사람들을 보면 내공이 깊다. 매스컴의 힘을 빌려 퍼포먼스를 위주로 장사를 하는 사람들이 오래 가는 경우를 본 적이 없다. 특히 가게 문을 열자마자 갑자기 잘되는 가게가 빨리 손드는 경우를 많이 본다. 정말 좋은 제품을 만들어서 고객과 더불어 오래 장사하겠다고 생각하기보다도 그 인기를 빙자해서 프랜차이즈를 열고 손쉽게 돈 버는 방법을 연구하다 보니까 장사를 오래 할 수 있는 끈기가 없는 것이다.

한때 잘나가는 장사보다는 은은하게 망하지 않고 오래가는 장사를 진지하게 생각할 때가 되었다고 생각한다. 인간이란 얼마나 묘한 존재인가? 장사가 잘될 때는 조금 쉬어도 될 텐데 밤을 새워 일해도 피곤한 줄을 모르고, 장사가 안될 때는 몇 배의 노력을 해도 부족할 텐데 가게 문턱을 넘어서기가 죽기보다 싫어진다. 그래서 망하지 않는 장사가 어려운 것이다.

특히 우리나라 사람들은 국내에서나 외국에서나 어떤 장사가 잘된다고 하면 너 나 할 것 없이 몰려드는 경향이 있다. 일본에서 장사를 할 때 일본어 학교 후배 한 명이 나를 찾아왔다. 자본은 있는데 무슨 업종으로 신주쿠에서 장사를 하면 좋을지 조언을 구하러 온 것이었다. 당시 나는 신주쿠 길거리에서 과일 장사를 잘하고 있고 신주쿠에 대해서 잘 알고 있다고 소문이 나서 신주쿠에서 뭔가 하고 싶어 하는 사람들이 나에게 자문을 구하러 많이 왔었다.

내 대답의 첫마디는 중국집이었다. 짜장면을 좋아하는 우리나라 사람들의 마음을 알기에 동경에 있는 한인들을 대상으로 짜장면을 팔면 대박이 날 것 같았다. 당시에는 신주쿠에 중국집이 하나도 없어서 시작만 하면 잘 팔릴 것 같았다. 후배는 한국에서 수타로 짜장면을 만드는 주방장을 불러서 장사를 시작했고, 한 그릇에 1,500엔이라는 당시에는 다소 파격적으로 비싼 가격을 받았는데도 줄을 서서 먹을 정도로 장사가 잘됐다. 예상대로였다. 그런데 귀국하고 5년쯤 지난 뒤 동경에 가서 후배가 하는 중국집을 찾아가 봤더니 후배의 가게가 보이지 않았다. 가게를 이전했다는데 다들 옮겨간 장소를 모르고 있었다.

몇 년 뒤 우연히 전혀 다른 장소에서 후배가 하는 중국집을 발견하고 들어갔다가 깜짝 놀랐다. 1,500엔이었던 짜장면값이 15년 만에 500엔으로 떨어져 있었다. 사연인 즉슨 후배의 중국집이 잘된다고 소문이 나자 동경 바닥에 셀 수 없을 만큼 많은 중국집이 생겼다는 것이다. 그러자 당연히 가격 경쟁이 일어나 이제는 500엔으로 떨어졌다는 것이었다.

남이 잘되면 나도 잘될 거라는 착각, 재미있지 않은가? 주식 투자를 잘 모르지만 주식으로 돈 벌기 위해서는 남들이 살 때 팔고 남들이 팔 때 사라는 단순한 원리를 지키면 된다고 한다. 그런데 남들이 사면 조급해져서 덩달아 사게 되고, 남들이 팔면 겁이 나서 덩달아 팔게 되는 것이 사람 심리라서 주식 투자가 어렵다. 장사에 대한 사람들의 생각도 마찬가지라고 나는 생각한다. 치킨집이 잘된다고 하면 너 나 할 것 없이 모두 치킨 장사를 하겠다고 우르르 몰려들고, 카페가 잘된다고 하면 카페 장사로 우르르 몰려가는 식의 모습을 보면서 내린 결론이다.

오랫동안 꾸준히 한 직종을 지켜오면서 돈을 벌기보다는 남들이 쌓아온 기반 위에 조금만 더 싸게, 조금만 더 나은 시설로 바로 그 가게 옆에다 차려 놓으면 돈을 벌 거로 생각하는 모양이다. 또 다른 대기자가 자기보다 조금 싼 값에 조금 더 나은 시설로 바로 옆에서 준비하고 있는 줄도 모르고 말이다. 이러다 보니 이득인지 손해인지도 모르고 무조건 달려가는 가게를 많이 본다. 내가 돈을 버는 것보다도 누가 먼저 지쳐서 쓰러지는가를 보는 무한 경쟁 장사이다.

나는 수십 년간 이런 기묘한 경쟁 구조에서 살아남을 수 있는 길을 탐구해 왔다. 세상을 살아가다 보면 좋은 선생이든 나쁜 선생이든 많은 선생을 만날 수 있다. 장사를 잘해도 선생이고 장사에서 실패해도 나에게는 귀중한 선생이 된다. 이 두 가지 유형을 부러움이나 위로의 대상이 아닌 나에게 많은 가르침을 주는 선생이라고 느끼면서부터 세상사가 눈앞에 들어오기 시작한다. 일본이나 한국에서 다양한 유형의 선생을 만날 기회가 많았던 것이 내가 힘든 이 길을 지치지 않고 꾸준하게 걷게 해 준 버팀목이 되었다고 생각한다.

크게 빛은 나지 않지만, 비바람과 태풍에도 흔들리지 않고 끈질기게 오래 살아남는 장사법이야말로 장사의 진수라고 생각한다. 살다 보면 비바람이 치고 태풍이 부는 날도 있듯이 해가 뜨고 맑은 날도 있다는 평범한 진리에 맞게 태풍이 칠 때는 언젠가 해 뜰 날이 올 것이라는 믿음으로 절망하지 않고, 해가 떴을 때는 언젠가 태풍이 칠 것이라는 경계심으로 자만하지 않는 것이야말로 장사의 최고 묘책이라고 생각한다.

장사하는 사람이 너무 돈을 많이 벌어도 일할 의욕이 떨어지는 법이다. 적당한 빈곤은 일을 열심히 하려고 하는 의욕을 북돋는 윤활유다. 살아 있는 동안에는 성공이라는 단어가 별 의미가 없다. 장사꾼의 성공과 실패는 인생의 마지막 숨이 넘어가기 직전에야 평가할 수 있다고 나는 생각한다. 개인이 됐든 회사가 됐든 한동안 찬란하게 빛나다가 어느 순간 존재 자체가 애매모호해진 경우를 많이 보고 있지 않은가?

현실은 예상치 못한 일의 연속이며, 장사 또한 그러하다. 전 세계가 요즘 코로나19로 인해서 한 번도 경험해 보지 못한 세상을 경험하고 있다. 코로나19는 모든 사람에게 공평하게 전염되고 있지만 코로나19의 사태가 안정되고 난 이후에 겪을 힘든 경제적 상황은 결코 모든 사람이 공평한 조건에서 맞이하지는 않을 것이다. 많은 지인이 인건비와 임대료의 무게를 이겨 내지 못하고 장사를 접고 있다.

이런 난리가 날 것이라고 예견하고 혼자 하는 빵집, 망하지 않는 빵집을 구상한 것은 아니지만 요즘처럼 어려운 상황에서 혼자 하는 제자들의 빵집을 돌아보면서 정답이 뭔지를 다시 한 번 절실하게 느끼고 있다. 앞으로 이런 불행한 사태가 오지 않았으면 좋으련만, 누가 장담할 수 있을까? 얼마나 긴 시간 동안 이런저런 후유증으로 인해 저성장이 계속될지 모르겠다. 수십 년 동안의 내 장사 경험에 비추어 코로나뿐 아니라 어떤 위기가 닥쳐도 살아남을 수 있는 '망하지 않는 장사 비결 20가지'를 정리해 보았다.

망하지 않는 장사 비결 1. **망하기 어려운 업종을 선택하라**

부동산 투자에서 가장 중요한 세 가지가 있다고 한다. 첫 번째는? 위치다. 그럼 두 번째는? 위치다. 세 번째는? 그렇다. 역시 위치다. 망하는 업종에 있으면 아무리 노력해도 장사를 계속 하기가 어렵다. 자동차가 상용화되기 시작한 20세기 초에 마차와 관련된 장사를 했던 사람들이 살아남기 어려웠듯이 코로나로 사람들이, 여러 명이 이용하는 밀폐된 공간에 들어가기를 꺼리는 상황에서는 아무리 성실하게 일해도 노래방 장사를 계속하기 어렵다. 그래서 가능하면 무슨 일이 있어도 계속해서 할 수 있는 업종을 선택하는 것이 중요하다.

사업을 시작하기 전에 실패를 전제로 시작하는 사람은 없다. 누구나 성공하리라 믿고 시작하지만 결과론적으로 많은 사람이 실패하고 만다. 실패를 경험해 본 사람은 누구나 알겠지만 실패란 단어는 마주하는 것만으로도 고통스럽다. 열 명이 장사를 시작하면 반 이상이 맛본다는 실패 불변의 법칙을 피해 나가는 방법은 무엇일까? 과연 그런 방법이 있기나 할까? 있다! 망하지 않는 사업을 하면 된다.

물건을 떼다 파는 장사의 시대는 끝났다. 학교 앞 문방구가 없어지고, 동네 비디오 대여점과 양장점이 없어지고, 외국에서 물건을 가져다 파는 보따리 장사도 없어졌다. 출생률이 급격히 낮아지고 성대한 결혼식을 올리는 문화가 약해지며 웨딩사진, 예식장, 드레스 등 웨딩 산업에 종사하던 사람들이 줄줄이 폐업했다. 코로나로 인해 노래방,

헬스클럽, 댄스 교실 등 다수의 사람이 모이는 업종은 심각한 타격을 받았다.

내가 빵을 하기로 택했던 이유는 아무리 세상이 변해도 인간이 무언가를 먹어야 한다는 사실은 변하지 않을 것이라 확신했기 때문이다. 빵은 쌀과 더불어 수천 년 인간의 역사에서 주된 음식이었으므로 앞으로도 사라지지는 않을 것이라 생각했다. 그러므로 빵 만드는 기술만 있으면 세상 어디에 가도 빵 장사로 먹고살 수 있다. 처음 일본에서 무슨 기술을 배울까 망설일 때 제과·제빵을 택했던 가장 중요한 이유가 세계 어디에서도 제과·제빵은 통할 수 있다는 가능성 때문이었다.

같은 먹거리라도 요리를 하게 되면 한식, 중식, 일식, 양식 등 많은 부문으로 나누어져 있어서 전부를 다 하기가 어렵다. 반면 제과·제빵은 말 그대로 빵과 과자만 배우면 세계 어디에서나 바로 통용될 수 있다는 것이 마음에 들었다. 10여 년도 훨씬 전에 우연히 남아공의 케이프타운에서 빵집을 낼 기회가 있어 간 적이 있었는데 지역적으로 너무 멀어 포기했지만 만약 그곳에서 빵집을 냈었다면 남아공 최고의 빵집이 되어 있지 않을까 하는 생각이 들 정도로 세계 어느 곳에 가서 빵집을 해도 잘할 수 있을 거라는 자신감이 있다.

그럼 어떤 업종이 망하기 어려운 업종인가? 나는 자기 기술을 갖고 하는 장사가 제일 망하기 어렵다고 생각한다. 내가 하면 꼭 자식들에게도 물려주려는 장사가 몇 가지 있는데 자식이 이어받기를 바라는 것 자체가 그 장사가 망하기 어렵고 수익이 좋은 장사라는 뜻이다. 그런 장사 중 하나가 안경점이다. 한때 마진이 90%가 된다고 할 정도로 돈을 많이 벌었던 업이 안경점 장사다. 지금은 예전만큼은 아니지만 여전히 수익률이 좋고 폐업률이 다른 장사보다 월등히 낮다. 안경점을 하려면 안경사 자격증이 필요한데 안경사는 국가 자격증으로 보호를 받는다. 기술을 익히고 안경사 자격증을 따면 여유 있게 혼자 장사할 수 있는 대표적인 업종이다.

안경점처럼 기술을 국가가 인정해서 보호해 주는 장사는 아니지만 기술이 중요한 장사가 중국집이다. 중국집은 우리나라 음식점 중 폐업률이 가장 낮다. 그런데 중국집 장사의 제일 어려운 점은 주방장 관리다. 주방장은 주인 말을 잘 듣지도 않을뿐더러 아무런 얘기 없이 그만두는 경우도 허다하다. 주방장이 바뀌어서 제품 품질이 변하면 어렵게 만든 단골도 등을 돌린다. 주인이 음식을 할 줄 알아서 레시피를 관리하고 주방장을 쓰는 경우와 주인이 음식에 대해 전혀 몰라서 전적으로 음식 맛을 주방장에 의존하는 경우는 장사 리스크가 천지 차이다.

1년에도 수많은 직업이 사라지고 새로운 직업이 생겨나는 지금 같은 시대에 기술을 익히는 데 시간을 투자하라는 얘기는 너무 고루한 얘기처럼 들릴지 모른다. 하지만 여러분 자신을 관찰해 보라. 동네에 일본 라면집이 생겼는데 라면집 주인이 일본 라면에 대해 경험도 별로 없고 기술도 없다면 왜 굳이 김밥천국의 4천 원짜리 라면 대신 두 배나 되는 돈을 주고 그 라면을 사 먹겠는가? 조금만 차를 타고 나가면 일본에서 전국적으로 유명한 라면집에서 일하고 돌아온 셰프가 운영하는 라면집이 있는데 왜 변변한 기술이 없는 라면집에 가겠는가?

벼락 스타가 되어 돈을 많이 버는 사람들이 나온다는 유튜브 같은 산업도 마찬가지다. 100명이 시작하면 95명 이상은 1년 이상 꾸준히 하지 못하고 중간에 그만둔다. 그만두지 않고 나름의 콘텐츠와 기술을 축적하는 사람들이 유튜브에서 성공한다.

나는 그런 기술로 빵을 택했지만 생각해 보면 미용 같은 기술도 참 좋은 기술이라고 생각한다. 시대의 흐름을 빨리 읽고 변화해 가는 시대에서 가장 각광 받을 수 있는 기술이 뭐가 있을지 미리 연구해서 익힐 수 있는 선구안을 갖추는 것이 중요하다. 나 자신의 핵심 기술로 승부할 수 있는 장사를 선택하라. '어떤 업종이 뜬다', '어떤 장사가 돈이 쉽게 벌린다' 같이 일시적인 트렌드 때문에 반짝 인기가 있다 사라지는 것들을 쫓아 다니지 말라.

망하지 않는 장사 비결 2. **혼자 하라**

가장 손쉽게 할 수 있는 장사는 혼자 하는 장사라고 생각한다. 그만큼 다른 사람들과 호흡을 맞춰가면서 장사를 하기가 어렵다는 얘기다. 물론 혼자 하면 육체적으로는 고달플지 모르지만 마음이 편하다. 여럿이 하는 빵집은 반죽 만드는 사람, 굽는 사람, 파는 사람이다 따로인 경우가 많지만 혼자 하면 처음부터 끝까지 본인이 해야 하므로 책임감이 더 큰 반면, 훨씬 안정적으로 운영할 수 있다. 더군다나 최저 임금제가 시행되고 인건비가 차지하는 비중이 높아지는 환경에서 혼자서 장사하면 월 수백만 원의 인건비를 절감할 수 있다.

최근 제빵업계에서의 유행은 서울 근교에 대형 베이커리 카페를 여는 것 같다. 처음에 시작한 몇 군데가 잘된다고 소문이 나서 우후죽순처럼 대형 베이커리 카페들이 근교에 늘어서기 시작했다. 서울 근교의 대형 베이커리의 문제점은 사람이다. 빵을 잘 만들 수 있는 사람은 많지 않다. 서울 시내에서도 제빵 기술자들이 없어서 채용하기 힘들어 하는데 서울 근교에서 제빵 기술자들을 구하기는 더더욱 힘이 든다. 그러다 보니 저 사람이 하니까 나도 한다는 식으로 하는 장사는 오래가지 못한다. 처음 오픈할 때는 실력이 있는 직원을 위주로 팀을 짜서 직원들이 들어오지만 그 팀은 길어 봤자 3개월 이상 가지 못한다. 원래 팀이 나간 후에는 점점 수준이 떨어지는 사람들이 들어온다. 게다가 서울 시내가 아니라 교외에서 장사를 하면 이른 시간에 직원들의 출퇴근이 어렵다. 그런 문제를 해결하기 위해서 가게 가까운 곳에 숙소를 마련해 줘야 하고, 숙소를 정해 주면 하루 세 끼 밥도 해결해 줘야 해서 경영주가 가져가야 하는 이익이 점점 준다. 잘나가는 베이커리 중에서도 이익은커녕 적자를 보는 점포가 의외로 많다.

대규모로 가게를 차린다는 것은 그만큼 무리하게 자본 투입을 해야 한다는 의미이다. 주말은 그래도 손님들이 좀 있다고 하지만 주중

임대료 높은 대형 빵집과 혼자 하는 빵집의 수익, 비용 분석

구분	대형 빵집	1인 빵집
기본 정보	1. 위치: 서울 근교 2. 크기: 대지 1,000평, 총건평 200평 3층 3. 인원: 총 14명(제빵 5명, 서빙/판매 8명) 4. 운영자: 2~3명	1. 위치: 중심가 이외 거리/뒷골목 2. 크기: 15~20평 3. 인원: 1명 (운영자와 동일) 4. 운영자: 1명
비용	1. 초기투자비용 • 인테리어 비용: 3억~5억 원 • 기계값 별도 2. 고정비용(월) • 인건비: 3,000만 원 → 서빙/판매원: 190만 원×8명 → 제빵 책임자: 300만~500만 원 → 제빵사: 250만 원×5명 • 4대 보험: 800만 원 • 직원 식대 및 숙소 • 임대료: 1,000만 원 • 원재료: 총매출의 25~30% • 광열비 • 세금	1. 초기투자비용 • 중고기계: 1,500만 원 • 3상전기증설비: 300만 원 • 인테리어 비용: 약 1,000만 원 • 기타 잡비: 약 500만 원 2. 고정비용 (월) • 임대료: 50만~100만 원 • 원재료: 150~250만 원 • 광열비 약 30만 원 • 세금
매출	총 예상 매출: 월 1억 원 • 주중 일 300만 원×20일 • 주말 일 500만 원×8일 ※ 비수기 제외 → 명절, 장마, 1~3월 등	총 예상 매출: 월 300만~1,000만 원 - 개인에 따른 판매량 차이 및 휴일 활용에 따른 차이 발생
순수익	고정비용 제외 후 순수익 거의 없음	고정비용 제외 후 매출액의 50~70% 순수익 발생

과 비수기인 한겨울, 한여름에 장사가 안 될 때에 대한 대비책은 무엇인지 궁금할 때가 많다. 내가 추구하는 '혼자 하는 빵집'과 대형화되어 가는 빵집의 마지막 결말이 꽤나 궁금해진다.

현실은 예상치 못한 일의 연속이며, 장사 또한 그러하다. 전 세계가 요즘 코로나19로 인해서 한 번도 경험해 보지 못한 세상을 경험하고 있다. 코로나19는 모든 사람에게 공평하게 전염되고 있지만 코로나19 상황이 안정되고 난 이후에 겪을 힘든 경제적 상황은 결코 모든 사람이 공평한 조건에서 맞이하지는 않을 것이다. 많은 지인이 인건비와 임대료의 무게를 이겨내지 못하고 장사를 접고 있다. 이런 난리가 날 것이라고 예견하고 혼자 하는 빵집, 망하지 않는 빵집을 구상한 것은 아니지만 요즘처럼 어려운 상황에서 혼자 하는 제자들의 빵집을 돌아보면서 정답이 무엇인지 다시 한 번 절실하게 느끼고 있다. 앞으로 이런 불행한 사태가 오지 않았으면 좋으련만, 누가 장담할 수 있을까?

얼마나 긴 시간 동안 이런저런 후유증으로 인해 저성장이 계속될지 모른다. 코로나 사태가 끝나고 닥쳐올 험난한 파도 속에서 살아남아야 한다. 그러기 위해 가능하면 혼자, 가볍게 장사하라.

망하지 않는 장사 비결 3. 좋은 상품을 만들라

장사에서 가장 중요한 것은 팩트다. 먹는장사에서 가장 중요한 팩트는 맛이 있느냐다. 그래서 빵 장사에서 가장 중요한 팩트는 빵이 맛이 있느냐 없느냐. 팩트가 없이 퍼포먼스로 하는 장사는 단명하기가 쉽다. 수박이 좋다고 호박에 줄을 그어 봤자 줄 근 호박일 뿐이다. 아무리 인테리어를 예쁘게 꾸미고 빵 모양을 예쁘게 해서 인스타그램이나 유튜브로 마케팅을 많이 해도 빵이 맛이 없으면 그 빵집은 오래가지 못한다.

경기도 인근에서 5층짜리 건물을 통으로 임대해 장사한 빵집이 있었다. 인테리어도 화려했지만 케이크나 빵들이 그에 못지않게 화려했다. 사진을 찍으면 예쁘게 나와서 초반에는 SNS에서 인기를 끌고, 많은 손님이 왔다. 하지만 지금은 손님의 발길이 거의 끊기고 폐업 직전이다. 그런 빵집들의 공통점은 빵 맛이 너무 달고 디자인이 화려한 빵을 만들기 위해 기본과 타협한다는 점이다. 케이크는 예쁘게 만들기 위해 우유를 베이스로 만든 동물성 생크림보다는 팜유 등을 넣어서 만든 식물성 생크림을 사용하고, 안에 사용하는 스펀지 케이크도 달걀 거품으로 순수하게 팽창시켜 만드는 것이 아니라 유화제를 넣어서 만든다. 예쁘게 만들겠다고 이런 재료를 잔뜩 넣고 만들면 모양은 예쁘게 만들 수는 있어도 기본적인 맛이나 식감을 많이 희생해야 한다. 그런 경우 손님은 두 번째는 그 케이크를 사지 않는다. 반면 모양이 수더분한 빵은 처음에는 인기가 없지만 진짜 맛있으면 구매하는 손님이 늘어난다. 너무 모양 위주의 빵을 만들기보다는 맛이 있는 제품을 만드는 것이 가장 중요하다.

또 한 가지 중요한 것은 맛있는 빵을 만들겠다고, 또는 비용을 줄이겠다고 건강에 해롭거나 질이 좋지 않은 재료를 사용하는 것처럼 좋은 상품의 기본을 저버리는 일이다. 그렇게 하면 결국 손님들에게 신뢰를 잃게 되고 장사를 오래 할 수 없다.

망하지 않는 장사 비결 4. 나만의 히트 상품을 갖추라

나만의 제품을 히트시킬 수만 있으면 편하게 장사하며 돈을 벌 수 있는 확률이 높다. 대전 성심당의 튀김 소보로나 군산 이성당의 앙금빵 등 오래도록 사랑받는 빵집에는 대표적인 빵이 있다. 그런 대표 상품이 있는 제과점을 보면 대부분 옛날부터 오랫동안 꾸준하게 한 곳에서 제과점을 운영하고 있거나 그 지방의 특산물을 이용한 제품을 개발해서 같이 유명해지는 경우가 많다.

곽지원 빵공방도 물론 대표 상품이 있다. '두물머리 스페셜'이란 빵인데 건포도를 발효시켜 만든 천연효모빵과 건과류를 듬뿍 넣어 만들었다. 건포도 발효종으로 만들다 보니 약간의 단맛이 있고 본격적인 하드 계통 빵이 아니어서 많은 사람에게 사랑을 받는 빵이다. 재미있는 일은 나에게 빵을 배워 빵집을 개업한 제자들도 모두 이 빵이 시그니처 빵인데 대부분 그 지역의 유명한 산이름에 스페셜을 붙여 금오산 스페셜, 중미산 스페셜 등의 이름을 붙였다. 이번에 군산에 빵집을 개업한 제자는 새만금 스페셜이란 이름을 붙여 이제는 스페

설 빵이 모든 산을 섭렵하고 바다로 나갔다고 해서 웃은 적이 있다.

히트 상품이 있으면 좋은 점이 많다. 우선 만들어야 하는 상품의 가지수가 적다. 히트 상품 이외에 구색을 맞추는 정도로 몇 가지만 더 마련하면 장사하기에 충분한 제품군이 갖추어진다. 반면 히트 상품이 없으면 잡다하게 여러 가지 제품을 만들어서 제품군을 갖춰야 하기 때문에 더 많은 힘이 든다. 또한 제품 수가 적으면 품질을 유지하기도 좋고 재료 관리나 비용 면에서도 유리하다. 간혹 주변에 있는 분식집에 들러 보면 메뉴판에 50개는 족히 넘는 음식이 있는 것을 보게 되는데 그런 메뉴를 준비하기 위해 얼마나 많은 종류의 재료를 준비해야 하는지 상상만 해도 지친다. 그 많은 요리를 일정한 맛으로 요리해 내는 것 또한 여간 어려운 일이 아니다.

누구나 빵집을 시작할 때 나만의 대표 빵을 만들어 유명해지고 싶은 꿈을 꾸지만 그것이 그리 쉽지가 않은 것이 현실이다. 빵이 맛있다고만 해서 유명해지는 것이 아니라, 당시의 트렌드에 맞고 적절한 SNS의 힘과 매스컴의 힘이 조화롭게 이뤄질 때 비로소 유명해지기 때문이다. 하지만 장사를 시작하면서 너무 그런 대표 상품을 만들려고 퍼포먼스 위주로 장사를 하면 제품의 품질이 부실해지기 쉽다. 지방을 돌아다니면서 유명한 빵이라고 해서 먹어 보면 의외로 머리를 갸웃거리게 하는 빵이 많이 있다. 매스컴이 만들어낸 빵인 것이다. 이런 제품들은 한 번은 가서 살 수 있겠지만 오랫동안 고객들에게 사랑받기는 어렵다.

대표 상품을 개발하는 것은 중요하지만 돈을 벌기 위해 짧은 시간 안에 제품이나 빵집 자체를 애서 띄우려는 노력은 위험하다는 것이 내 생각이다. 단순하게 매스컴만을 이용해서 상품이나 빵집을 유명하게 만들려고 하는 제과점들은 한때는 잘되는 것처럼 보여도 오래가지 못한다.

특히 경계해야 할 일은 맛있는 제품으로 장사를 하기보다 대리점을 모집해서 대리점주들로부터 받는 돈을 목표로 장사하는 것이다. 손님에게 사랑받는 매력적인 상품 없이 사업 자체를 포장해 팔아서 돈을 벌려고 하는 것이 가장 위험한 장사의 태도라고 생각한다.

대표적인 히트 상품은 나만의 철학과 취향, 나의 스토리를 담은 것이다. 나도 지난 수십 년간 '나만의 빵이란 어떤 것인가?'라는 질문을 나 자신에게 계속하고 있다. 그것은 나 혼자만 노력한다고 해서 만들어지는 것이 아니라, 손님들도 같이 좋아해 주어야 완성되는 것이어서 만들기가 더욱 어려울 수밖에 없다. 결국 각자의 경험을 통해 찾는 수밖에 없다.

음식의 예를 들면 정말 맛있는 제품이야말로 오랫동안 고객들이 찾아와 주신다는 점을 중심에 놓고 시그니쳐 제품을 개발한다면 반드시 성공한다. 두물머리 스페셜은 그런 관점에서 누가 먹어도 맛있다고 자부한다. 끈기와 호기심을 갖고 고객이 무엇을 좋아하는지 공부하고 새롭게 시도하고 개선해 나간다면 나만의 제품을 개발할 수 있을 것이다.

망하지 않는 장사 비결 5. 접객을 연마하라

장사 전문가라는 사람들이 강의하는 걸 들어 보면 손님들을 손님이라는 이름으로 뭉뚱그려서 아무 생각 없이 광고나 마케팅을 보고 물건을 사는 생각 없는 집단으로 표현하는 경우를 많이 본다. 생각 없다는 표현이 과할지는 모르지만 개개인이 신중하게 생각해서 구매한다는 사실을 잊고 얘기하는 경우가 많다. 이렇게 하면 손님들이 밀려오고 저렇게 하면 안 온다는 식으로 얘기하는 것을 들으면 장사의 실체를 알려주기보다는 이론에 치우친 강의라는 인상을 받는다. 강단에서 내려오면 본인도 손님일 텐데 왜 저렇게 현실감 없는 얘기를 할까 생각한다.

손님들은 현명하다. 본인의 지갑을 열 때는 그만큼 신중해진다는 의미다. 매스컴의 영향으로 한두 번은 올 수 있겠지만 와 보고 기대치에 못 미치면 바로 등을 돌리는 것이 손님이다. 그런 손님들의 기대치를 만족하게 하려면 제품의 일정한 퀄리티와 다시 오게 하는 친절함이 중요하다. 우리 제자들에게 가장 강조하는 부분이 판매하는 방식이다. 좋은 제품을 만드는 것도 중요하지만 더 중요한 것은 만든 제품을 돈을 받고 판매하는 행위다. 손님이 오셔서 "이 빵을 주세요"라고 할 때 단순하게 포장해서 드리는 것은 유치원생도 가능하다. 하지만 '이 빵을 사려 할 때 저 잼을 끼워서 판매할 수 있는 요령'이 진정한 장사꾼의 능력이라고 생각한다. 혼자 운영하는 빵집의 효시이자 성공한 케이스로서 많은 사람이 나를 롤모델로 삼는 중요한 이유는 시대의 흐름을 한 발 앞서 읽고 실행했다는 것이 아닌가 싶다.

혼자 하는 빵집에서는 그 운영자가 직접 빵을 만들기 때문에 빵에 관한 자신의 지식을 손님에게 잘 전달할 수 있다. 그러기 위해서 나는 제자들에게 접객을 할 때는 빵 만들 때 입는 가운을 입고, 빵의 재료와 뛰어난 부분을 설득력 있게 설명하라고 한다. 생산하는 사람들의 가장 큰 문제는 판매의 중요성을 잘 모르거나 혹시 알더라도 판매 스킬을 연마하지 않는 것이다. 따라서 나는 제자들에게 빵 봉투를 묶는 방법, 포장 등 판매와 관련된 자세한 부분을 철저히 훈련시킨다.

장사의 요령은 '손님을 같이 키워 나가는 것'이다. 이에 능숙해지려면 빵과 손님에 대한 사랑이 저변에 깔려 있어야 하는데, 이를 가장 잘하는 사람이 내 아들 선호다. 선호는 손님에게 빵에 관해 끈질기게 설명한다. 하루에 같은 말을 수천 번 하는 것 같다. 이런 아들의 모습이 방송에 나간 후 우리 빵집도 덩달아 장사가 잘됐다.

접객을 할 때는 '저 사람 덕분에 내 가족들을 먹여 살리고 있다'는 고마움을 마음에 새기고 진심으로 대한다. 손님은 현명하기 때문에 자기 돈을 허투루 쓰지 않는다. 처음 가게를 개업하게 되면 오픈하자마자 바로 들어와 사는 사람은 많지 않다. 대부분은 그 앞을 지나다니면서 지켜본다. 보지 않는 것 같지만 다 본다. 볼 때마다 주인이 열심히 일하고 있으면 한 번 들어가 보고 싶어진다. 그래서 산 빵이 맛있다면 단골이 되고, 맛이 없다면 다시는 안 오게 된다. 이런 식으로 처음에 오는 손님은 수로는 제한적이겠지만 시간이 흐르면서 많은 단골이 축적된다.

장사에서 성공하기 위해서는 단골손님을 많이 확보해야 하고 단골손님을 붙잡기 위해서는 몇 가지 중요한 포인트가 있는데 그중에서 중요한 것이 접객이다. 프랜차이즈나 대형 매장에서 빵을 사면서 이런저런 불만을 표시하는 손님들이 있다. 예를 들어 빵 맛이나 제품군이 어느 대리점이나 똑같고, 접객 태도가 사무적이며, 제품들이 너무 달고 느끼해서 한 번 먹으면 질리고, 바로 구워 나오는 따끈한 빵이 없다는 등의 불만이다. 이런 불만을 나만의 접객과 서비스로 해소해 주면 단골손님을 만들 수 있다.

단골손님들이 오시면 늘 사 가시는 제품을 신경 써서 준비해 두는 것은 기본이고, 그에 더해 항상 새로운 제품을 개발해서 구태의연하지 않고 뭔가 새로운 신선함을 손님께 보여드리는 것이 중요하다. 빵의 진열을 새롭게 바꾸거나 새로운 디스플레이로 매장 분위기를 연출하는 것도 좋다. 지역의 부녀회나 학교 자모회 등을 초대하거나 단골손님을 대상으로 빵 세미나를 열어서 밴드를 만들고 수시로 밴드를 통해 세미나 공지 사항을 알리는 것도 도움이 된다.

여기서 한 가지 조심해야 할 것이 있다. 너무 단골을 우대하다 보면 처음 오신 손님을 소홀하게 대할 수 있다는 것이다. 그럴 경우 손님에게 소외감을 주어 손님이 다시는 오지 않을 수 있다. 따라서 처음 오신 손님도 단골손님처럼 서비스에 신경을 써서 대해야 한다.

접객을 할 때는 손님을 믿고, 길게 보고 해야 한다는 원칙을 기억하면 좋다. 간혹 장사하다 보면 금액이 서로 달라 다툼이 일어날 때가 있다. 금액이 크게 다르거나 의도적으로 손님이 우기는 경우에는 CCTV를 봐서라도 시시비비를 가려야겠지만 자주 오는 손님이고 큰 금액이 아니라면 손님이 주장하는 대로 거스름돈을 내 드리라고 직원들에게 주의를 주는 게 현명하다. 한번은 손님이 깜박 착각해서 결제했다고 우긴 적이 있었는데, 금액이 그다지 크지 않고 자주 오시는 손님이어서 못 이긴 척 거스름돈을 건네고 보내드렸다. 그리고 나서 한참 지나 바로 그 손님이 다시 오셨다. 집에 가서 호주머니를 뒤져 보니 돈이 있었다고 하면서 미안해서 어쩔 줄을 몰라했다. 만약 이런 경우에 CCTV를 보고 그 사실을 확인하려 한다면 손님은 감정이 상해 다시는 오지 않을 가능성이 크고, 장사하는 사람은 손님 한 명을 잃는 만큼의 손해를 보게 될 것이다. 그러므로 한번 손해를 볼망정 계속 오시게 해서 물건을 파는 것이 장기적으로 보면 이익이 된다.

망하지 않는 장사 비결 6. **손님의 소리에 귀 기울이고 빠르게 반응하라**

지인의 얘기를 빌려와 본다. 사는 동네에 빵집이 새로 오픈했는데 동네 주민들의 관심이 많았다. 오지랖 좀 떠는 지인은 빵집에 들러서 이것저것 빵을 사면서 주인을 도와준답시고 이렇게 얘기했다고 한다. "이 동네에는 건강에도 관심이 많고 밥 대신 빵을 드시는 분들도 많으세요. 그리고 이 가게 앞은 애들 등굣길인데 부모들이 밥 챙겨 주는 것도 어려운 사람들이 꽤 있습니다. 아침에 좀 일찍 여셔서 바게트 같은 아침 빵을 준비해 주시고 학교 가는 애들에게 조각 빵이라도 나눠 주면서 홍보를 하면 동네 사람들이 많이 찾을 것 같아요, 사장님." 지인의 말에 사장은 언짢은 듯한 표정을 지으며 이렇게 대답했다. "전 아침 일찍 못 엽니다." 빵집 사장은 여전히 아침 11시나 되어서야 가게를 열었고, 빵 메뉴에는 아무 변화도 없었다. 지인은 그 후로 다시는 그 가게를 찾지 않았고 그 빵집은 몇 달 안 되어 문을 닫았다.

본인의 빵집을 운영함에 기준이 있겠지만 입지 여건과 손님을 무시하고 마음대로 빵집을 운영한다면 손님에게 외면받고 망할 준비를 해야 한다. 장사의 출발이자 마지막은 손님의 만족이기 때문이다. 참고로 곽지원 빵공방에서는 아침 6시면 빵을 내놓는다. 아침 식사용으로 찾는 단골 고객들을 위한 배려이다.

나는 운 좋게도 다른 사람의 가게에서 직원으로 일할 때나 내가 주인일 때나 손님들에게 사랑을 받고 장사도 잘되었다. 이유를 생각해 보니 손님이 무엇을 원하는지 알아내고 그 요구를 만족시키기 위해 빠르게 행동한 덕분인 것 같다. 양수리에 빵집을 연 지 얼마 안 되었을 때 암이나 당뇨로 고생하는 분들이 특히 많이 찾아오셨다. 그분들이 빵값을 계산하며 "병원에서 저염식으로 먹으라고 하는데 보통 빵집에서는 그런 빵을 찾기가 어려워요"라고 흘리듯 얘기하셔서 바로 그다음 날 저염식 빵을 만들어서 택배로 보내드렸다. 잠실 롯데백화점의 '여섯시오븐'을 처음 열었을 때는 거친 빵, 즉 하드 계열 빵을 포장 없이 진열해 놓았다. 하드 계열 빵은 포장해 두면 눅눅해지기 때문에 보통 빵집에서는 포장하지 않는다. 백화점에서는 사람이 많이 다녀서 먼지가 쌓일 것 같아 꺼림칙하니 포장해 달라는 고객들의 요청이 많았다. 고민 끝에 빵이 바로 나온 후에는 얇은 투명덮개로 덮고 진열했다가 빵이 어느 정도 식은 후에는 포장해서 진열하는 해결책을 찾았다. 그 후 포장을 원했던 고객이 자신의 요구를 들어줘서 고맙다고 말씀해 주었다. 비슷한 예로 식사 빵은 한 덩어리로 팔았는데 양이 너무 많다고 하는 고객들이 있었다. 반으로 잘라서 팔기 시작했더니 고객들의 반응이 좋았다.

이렇게 빠르게 고객의 요구를 상품에 반영하는 것이 가능했던 이유는 주인인 내가 장사의 핵심 기술을 잘 아는 기술자이기 때문이다.

장사를 하는 사람들은 자기가 선호하는 제품이나 장사 방법이 있다. 하지만 잘 팔기 위해서는 먼저 고객에게 맞추고 다음에 자신이 원하는 방향으로 리드하는 것이 좋다. 자신이 타깃으로 하는 고객이 무엇을 좋아하는지 파악해서 그에 맞게 장사를 하는 것이 우선이다. 자신이 제공하고 싶은 제품이 있더라도 고객에게 일방적으로 자신의 취향을 강요해서는 안 된다.

혼자 하는 빵집에서는 상품 구성이 중요하다. 제자들에게 처음에는 일반인이 좋아하는 빵을 60%, 천연효모종 빵을 40% 비율로 갖추라고 한다. 천연효모종 빵은 처음 먹는 사람에게는 밋밋하게 느껴질 수 있다. 장사는 현실이다. 구겔호프나 죠프빵처럼 달달한 빵을 60% 정도 판매하면서 조금씩 단골손님을 늘려 간다. 단골이 어느 정도 안착된 이후에 비율을 50 대 50으로 조정하고 점차 40 대 60과 같이 천연효모종으로 만든 빵의 비율을 늘려 나간다. 손님의 기존 입맛에 맞추면서 천연효모종 빵에 대한 신뢰를 얻고 서서히 바꾸며 리드해야 한다.

동네마다 빵을 선호하는 기준이 다르므로 자신의 빵집이 어떤 동네에 있는지도 중요하다. 예를 들어 건강에 민감한 사람들이 모여 있는 동네에서는 천연효모종으로 만든 빵의 비율을 처음부터 더 높여도 괜찮다. 가까운 주변 빵집에 가서 어떤 빵을 팔고 있는지 보고 이를 품목을 정하는 데 참고하면 좋다. 앙금빵과 같은 일반적인 빵을 만들어 팔게 되면 대부분의 주위 빵집과 경쟁해야 한다. 하지만 전문적으로 천연효모종 빵을 파는 빵집이 없는 곳에서 천연효모종 빵을 만들어 팔면 경쟁 상대는 빵을 만드는 본인밖에 없게 된다.

자기 기술로 장사하는 사람은 자신의 안목과 기술에 자부심이 있어야 한다. 하지만 그 자부심과 손님을 무시하는 오만은 다른 것이다. 손님에게 살갑게 말을 걸고 대화하면서 무엇을 원하는지, 무엇을 원하지 않는지를 파악하고 빠르게 실행해서 손님의 만족을 높여 간다면 장사는 망하지 않는다.

망하지 않는 장사 비결 7. 손님이 오게 하는 마케팅을 마스터하라

빵 장사에서 가장 중요한 숙제는 자신의 빵집이 위치한 곳을 손님들에게 어떻게 알려서 찾아오게 하느냐이다. SNS를 이용하는 방법은 꾸준하게 오랫동안 알릴 좋은 방법이지만 효과가 바로 안 나온다는 단점이 있다. 반면에 TV를 이용하는 방법은 반짝 효과는 있지만 그 영향이 오래가지 않는다는 단점이 있다. 이 두 가지를 병합하면 빠르고 오래 홍보할 수 있어서 효과가 좋은데 이때의 가장 중요한 포인트는 어떻게 TV에 출연하느냐이다.

올림픽 선수촌에서 제과점을 운영하면서 수도 없이 TV에 출연했는데 이때 터득한 방송 출연 요령이 있다. 첫 번째는 방송을 만드는 사람들이 무엇을 원하는지 이해하는 것이다. '김영철의 동네 한바퀴'라는 프로그램에서 양수리에서 가 볼 만한 동네 명소로 우리 빵집이 소개된 일이 있다. 방송이 토요일에 나갔는데 일요일에 몰려오는 사람들로 혼이 쏙 빠질 정도였다. 물론 평소 매출의 몇 배를 올릴 수 있었다. 이 주변에 있는 많은 음식점과 빵집 중에서 우리 빵집이 방송에 소개된 이유는 '그림이 나오기 때문'이었다. 처음 빵집을 열 때 직접 염소와 닭을 기르기 시작했다. 1년이 넘게 고생하면서 풍차를 만들었다. 빵을 굽는 재래식 화덕도 지었다. 물론 건강빵을 만드는 이 과정은 나의 오랜 꿈이고 로망이다. 이런 일을 할 때 내 제자들도 왜 그런 도움 안 되는 일을 하느냐고 했다. 그러나 나는 그렇게 생각하지 않았다. 나에게 즐겁고 보람 있는 일일 뿐 아니라 방송작가에게도 꽤 매력적인 방송 소재로 여겨질 거로 생각했다. 직접 기른 염소와 닭에서 산양유와 유정란을 얻고 우리 밀을 풍차로 돌아가는 맷돌에 갈아서 밀가루를 만들고 천연효모종으로 반죽해서 재래식 화덕에 빵을 굽는 모습이야말로 방송에 내보낼 그림이라고 확신했다.

평범한 장사꾼인 우리가 TV에 출연해서 우리 가게를 알렸으면 하는 바람이 있는 것처럼 방송국에서 근무하는 사람들도 누군가 일상적이지 않은 방법으로 무언가를 하고 있는지 찾아서 방송으로 내보내고 싶어 한다. 그 일이 바로 방송을 하는 사람들이 월급을 받는 이유이기 때문이다. 너무 당연한 얘기 같지만 이 점을 이해하는 것이 중요하다. 어디선가 남들이 하지 않는 것을 하고 있으면 반드시 방송작가들이 전화를 걸어 온다. 요즈음은 종편방송이나 유튜브 등 다양한 채널이 생겨 콘텐트 취재 경쟁도 더욱 심해졌기 때문에 더욱 활발하게 매스컴에서 프로포즈가 온다. 만약 방송작가에게서 전화를 받았을 때 그제야 그림이 될 만한 무언가를 준비하려면 이미 늦은 것이다. 그런 기회는 다시 올지 알 수 없다. 왔을 때 잡을 준비가 되어 있어야 한다. 그래서 제자들에게 "미리 그림을 그리고 판을 깔아 두어야 한다. 그러면 방송작가든 누구든 찾아와서 어떻게 내용을 펠지 알아서 할 것이다."

방송에 소개되는 두 번째 비결은 평소 네트워킹을 잘해 두는 것이다. 얼마 전 두물머리에서 모 방송국과 내가 함께 진행한 '달달한 빵'

행사는 많은 미디어에 보도되었다. 이런 좋은 기회가 온 것은 평소에 쌓은 인연 덕분이었다. 마침 곽지원 빵아카데미의 제자가 방송국에서 일하고 있었는데 괜찮은 행사를 기획하다가 우리와 이 행사를 기획하고 진행하게 되었다. 빵만 파는 것이 아니라 빵을 가르치다 보니 다양한 사람들과 사제지간으로 관계를 쌓을 수 있었다. 청도에서 빵집을 하셨던 개그맨 전유성 씨, CBS 라디오 진행자 김용신 씨 같은 분들이 빵을 가르치며 맺은 인연들이다. 나처럼 빵을 가르치지 않더라도 찾아오시는 손님들에게 그냥 빵만 팔지 말고 이런저런 얘기를 하며 인간적인 관계를 쌓다 보면 다양한 분야의 분들과 좋은 인연을 맺을 수 있다.

방송에 출연하는 세 번째 비결은 지역사회 활동처럼 봉사 활동을 열심히 하는 것이다. 나 혼자 잘 먹고 잘살겠다고 하는 장사를 선뜻 소개해 주는 방송은 별로 없다. 많은 사람에게 좋은 일을 하고 있으면 방송에서 소개될 가능성이 더 크다. 방송계에 있는 분들은 많은 사람이 봐 주었으면 하는 마음도 있지만 좋은 일을 하는 사람들을 많은 사람에게 알려서 사회에 좋은 영향을 끼치고 싶다는 공적인 마음도 있기 때문이다.

나는 양수리로 이사 온 후 양수리가 더 많이 알려지고 잘되었으면 하는 마음에서 양수리 빵 축제를 만들어 운영하고 있다. 지역의 보육원이나 돌봄서비스센터에도 정기적으로 빵을 들고 찾아간다. 혼자 하는 장사가 최고라고 늘 얘기하고 있지만 혼자 하는 장사를 스스로 고립되어 하면 안 된다. 동네의 다른 상인들과도 잘 어울리면서 다른 가게가 잘되도록, 지역사회가 잘되도록 시간과 품을 내서 좋은 일을 하다 보면 자연스레 방송 출연으로 이어질 수 있다. 방송 출연을 떠나서도 장사가 잘되려면 지역사회가 잘되어야 하고 지역사회에서 사랑을 받아야 한다.

단 한 가지 방송에 나가기로 결정되었다면 지켜야 할 중요한 점이 있다. 빵집이라면 빵이 맛있어야 한다는 것이다. 즉 방송의 효과가 오래 지속되려면 팩트가 있어야 한다. '김영철의 동네 한바퀴'에 출연했을 때 방송일 다음 날인 일요일에 많은 손님이 오실 것을 예상하고 제자들과 함께 평소 몇 배나 되는 빵을 준비하고 판매 인원도 늘려 두었다. 다음 날 손님이 그야말로 물밀 듯이 밀어 닥쳤지만 평소와 똑같은 품질로 차분하게 손님들을 응대할 수 있었다.

방송에 나가면 한동안 몰려오는 손님들로 북새통을 떠는데, 그때 빵을 미처 다 준비하지 못해서 대충 만들어 손님들에게 팔았다가는 절대 재방문이 이뤄지지 않는다. 손님들은 방송을 보고 호기심 때문에 한 번 정도는 방문하겠지만 맛이 없으면 절대 다시 오지 않는다. 이런 방송과 판매의 역학 구도를 그동안의 방송 출연을 통해서 익히 경험했기에 양수리로 이사를 결정했을 때도 사실 그다지 두려운 점은 없었다. 오히려 달달하고 느끼한 제품을 파는 일반 제과점이 아니고 내가 그동안 공부하고 만들고자 했던 건강빵만을 파는 1인 빵집으로 다시 시작한다는 것에 오히려 용기백배했었다.

망하지 않는 장사 비결 8. **나만의 스토리를 만들라**

양수리 곽지원 빵공방 입구에는 내 제빵 인생을 보여 주는 안내판이 있다. 요즘은 SNS에서 우리 빵집에 대해 미리 알아보고 오시는 분이 많지만, 그런 분들도 오시면 이 안내판을 흥미로운 표정으로 읽고 기념사진을 찍기도 하신다. 대단치도 않은 한 사람의 삶을 적어 놓은 안내판을 보고 왜 그러시는지 그 이유를 짐작할 수는 있다. 손님들이 서울에서, 인천에서, 제주도에서 그 먼 길을 와서 양수리에서 빵을 사는 이유는 단지 빵이 맛있어서는 아닐 것이다. 그 빵에 담긴 나의 스토리에 함께하고 싶은 것이리라.

평범한 직장인이었다가 갓난아이를 두고 뒤늦게 일본으로 유학 간 일. 과일 장사를 하며 등록금을 내고 빵을 배우고, 일본의 빵집에서 고생하며 일했던 사연. 그러고도 빵을 더 배우겠다고 프랑스에까지 가서 일한 의지. 한국에 돌아와서도 나폴레옹 제과점에서 일한 후에야 독립하고, 그 후 장사가 잘되었는데도 어느 날 자기가 진짜 원하는 빵을 만들고 싶다고 서울 생활을 접고 양수리로 들어와서 천연효모종 빵을 만들고 있다는 집념. 콧수염을 기르고 아직도 매일 새벽 4시에 일어나 빵을 만들고, 아침마다 여성들 사이에서 유일한 남자로 에어로빅을 하고, 제자들을 양성해서 전국에 빵집을 열도록 도와주는 제빵 명인. 우리 손님들이 아는 내 스토리는 대략 이런 것이리라. 이런 스토리에 손님들이 공감해서 팬이 되어 주시기도 하고, 미디어

관계자들이 흥미를 느끼고 방송에 소개해 주었던 것 같다.

손님을 오게 하는 마케팅의 핵심에는 장사를 하는 그 사람의 스토리가 있다. 어떤 스토리도 없는 가게는 미디어의 관심을 끌기도, 손님을 유입시키기도 어렵다. 대단한 스토리가 아니어도 된다. 진정성 있고 차별화된 당신 자신의 스토리면 충분하다. '내가 왜 이 일을 하게 되었는가?', '이 일을 하기 위해 어떤 여정을 밟아 왔는가?', '나는 누구인가?' 등과 같은, 하고 있는 장사에 대한 당신의 열정에 대해, 그리고 당신 자신에 대해 말해 주는 스토리를 정리해 보라.

예전에 어떤 여성분이 나를 찾아왔다. 차가버섯을 판매하는 사업을 하는 분이었는데 BNI코리아의 존윤 대표가 "스토리로 사업을 브랜딩하고 마케팅하는 제일 좋은 사례로 나를 소개받았다"며 그 방법을 배우고 싶다고 했다. 나는 BNI라는 곳도, 존윤이라는 사람도 알지 못해서 어안이 벙벙했는데 나중에 알고 보니 유명한 사업가 단체의 대표이자 입소문 마케팅 전문가였다. 우리 단골손님인 보육원 원장님에게서 아주 특별한 선물이라고 빵을 선물받았던 존윤 대표는 평범해 보이는 빵이 왜 그렇게 특별한지 궁금했다고 한다. 원장님은 제주도에서도 비행기 타고 와서 사 먹는 빵이라면서 내 인생 스토리를 들려주었고, 그 스토리에 강한 인상을 받은 존윤 대표가 브랜딩이 필요한 사업가 수천 명에게 내 사례를 소개했던 모양이었다.

졸업생 두 명이 '아쥬드블레'라는 빵집을 양평동에 동업으로 열었다. 그중 한 명은 서울대를 졸업했고 또 한 명은 오랫동안 한 직장에

다닌 배경이 있었다. 나는 둘에게 각자의 인생 스토리를 브랜드화해서 고객들에게 알려 보라고 조언해 주었다. 내 얘기를 듣고 그들은 무슨 대단한 스토리도 아니라며 손사래를 쳤는데 막상 개업식에 가 보니 둘의 스토리를 나란히 담아 브로셔를 만들어 놓았다. 이 빵집은 금세 자리를 잡았고 지금도 잘 운영되고 있다.

또 다른 졸업생은 전라도 장흥에서 '그랑깨롱'이라는 빵집을 운영한다. 그는 자신의 밀밭 옆에 빵집을 열고 직접 재배한 밀로 빵을 만들어 '농부 빵집'이라는 스토리를 중심으로 빵집을 브랜딩하여 큰 성공을 거두었다.

매장을 운영하고 있다면 그 스토리를 보여 주는 소품을 배치해 놓도록 하자. 우리 밀로만 빵을 만드는 어떤 빵집은 우리 밀이 재배되는 지역을 표시한 전국 지도를 매장에 걸어 놓았다. 존경하는 스승에게 받은 칼, 첫 번째 손님이 주신 손편지, 부모님의 사진… 무엇이든 좋다. 그런 것들을 사진으로 찍고, 영상으로 담아서 SNS, 블로그, 유튜브에 올려도 좋다.

당신이 해 왔던 일을 적어 보라. 거창하게 철학이라고 부르는 것이 부담스럽다면 이 일을 하는 이유와 당신이 중요하게 생각하는 것도 글로 정리해 보라. 직원을 뽑으면 제일 먼저 그런 자료를 나누고 반복해서 훈련하라. "나 때는 말이야"라는 식의 고루한 얘기로 생각하지 않을까 걱정하지 말라. 고객도, 직원도, 단순히 돈을 벌기 위해 제품을 파는 사람보다는 진심으로 장인의 길을 추구하는 사람의 스토리에 함께하고 싶어 한다.

망하지 않는 장사 비결 9. **너무 힘들지 않게 장사하라**

　장사는 너무 힘들지 않게 해야 한다. 장사라는 것이 원래 힘들기 때문이다. 빵 장사도 마찬가지다. 너무 힘들지 않게 해야 오래할 수 있다. 즉, 장사는 마라톤 경주다. 아침 5시에 출근해서 10시면 빵은 다 만들 수 있다. 그 이후부터는 판매를 하는데 부부나 가족이 같이 하면 서로 도와줄 수 있어서 수월하다. 예를 들어 남편이 빵을 10시까지 다 만들고, 부인은 아이들을 학교에 보내고 나와서 2시간 정도 가게를 봐주면 그 시간 동안 남편은 쉬거나 볼 일을 볼 수 있다. 12시에 같이 식사하고 나서 1시부터 반죽 쳐서 3~4시가 되면 반죽을 완료하고 도우 컨디서너에 보관한 다음 판매는 늦어도 7시까지 마친다. 그 후 가족들이 모두 모여 저녁을 같이 먹고 하루를 마무리한다. 적당한 시간 일하는 빵쟁이의 삶이야말로 최고의 삶이라고 나는 생각한다.

　이렇게 하기 위해서는 우선 빵 종류를 적게 해야 한다. 보통 하루에 15품목을 넘어서면 힘들다. 똑같은 일을 매일 하면 옆을 쳐다볼 여유도 없이 힘들다. 그런 상황에서 너무 제품의 종류가 많으면 혼자 하는 장사가 점점 힘들어진다.

　가능하면 장사를 시작하기 전에 몇 년간 핵심 기술을 익히면서 장사 후에 버틸 수 있는 자금을 확보하는 것이 좋다. 장사를 시작하면 예상했던 것보다 자리를 잡는 데까지 시간이 많이 걸린다. 그 기간 동안 가족의 생계를 책임질 수 있는 자금이 있다면 여유 있게 기다릴 수 있지만 장사로 버는 돈에만 의지하고 있으면 초조해지고 손님은 그런 초조함을 기가 막히게 눈치 채고 지갑을 닫는다.

여유를 갖고 하는 것의 중요성은 돈의 속성과도 관련이 있다. 장사는 돈을 벌기 위해 하는 것이다. 돈은 쫓아갈수록 도망간다. 돈이 궁해서 절박한 사람을 만나 본 경험을 떠올려 보라. 그 사람이 당신에게 상품을 팔려고 하거나 사업 제안을 한다면 당신은 선뜻 그 사람에게 돈을 내주겠는가? 오히려 자신감을 갖고 여유 있게 장사하는 사람의 상품을 사고, 그 사람에게 투자하고 싶은 것이 사람의 심리다.

주된 장사 이외에 추가로 돈이 들어오거나 여유를 가질 수 있는 일을 해도 좋다. 양수리로 이사 오기 몇 년 전부터 경희대학교 호텔관광대학에서 강의를 해 달라는 부탁을 받고 일주일에 하루씩 출강을 했다. 대학교에서 강의를 하려면 석사학위를 소지해야 한다는 규정이 있어서 모교인 건국대학교 농축대학원에서 식품공학으로 석사학위를 받고 준비했기에 가능했다. 이사를 와서 바로 제과점을 열기 전에도, 또 제과점을 연 이후에도 생계를 유지할 수 있을 것이라는 자신감이 있었다. 여러 학교에서 강의를 해 달라고 신청이 왔고 학생들을 지도하는 것이 내 적성에 맞는다는 것을 알고 있었기 때문에 혹시 피치 못할 사정으로 장사를 그만두게 되더라도 이런 방법으로 생활비를 벌 수 있다는 것이 어느 정도 마음의 위안이 되었다. 아내가 강남 고속버스 터미널 앞에서 경영하는 슈가크래프트 교실이 안정적으로 잘 운영되고 있어서 경제적인 부담이 줄어든 것도 과감하게 내 뜻대로 미래를 향해 투자할 수 있게 된 또 하나의 요인이었다.

대충 장사하라는 얘기라고 오해하지 말기 바란다. 마라톤 경주인 장사를 100미터 달리기로 착각해서 너무 빨리 지치고 포기하지 말라는 얘기다. 과외 수입이 없더라도 앞에서 얘기한 '혼자 하는 장사', '핵심 기술을 갖고 하는 장사'를 하면 너무 힘들지 않게 장사할 수 있다. 장사를 오래하기 위해서라도 장사는 너무 힘들지 않게, 여유를 갖고 하라.

망하지 않는 장사 비결 10. 내 장사의 데이터를 파악하라

빵은 당일 만들어 당일 파는 장사다. 만들어 놓은 빵을 그날 팔지 못하면 다음 날 파는 빵집도 있지만 맛있는 빵을 팔겠다고 결심한 사람은 전날 빵을 다음 날 팔면 안 된다. 빵은 '노화'라는 화학적, 물리적 현상으로 인해서 시간이 가면 맛이 없어진다. 그래서 하루에 모두 팔릴 만큼만 만드는 것이 중요하다. 판매량을 예측해서 반죽을 해야 한다. 그다음 날 판매량을 점치는 것이 빵 장사로 돈을 벌 수 있을지를 가르는 중요한 노하우다.

전날 일기예보를 신경 써야 하고 국경일이나 특별한 날들을 잘 기억해 두어야 한다. 장사를 해 보면 보통 아침보다는 오후가, 주초보다는 주말로 갈수록, 월초보다는 월말에 빵이 많이 팔린다. 날씨도 판매량에 영향을 준다. 일반 빵집은 비가 오거나 흐린 날은 보통 판매량이 줄지만 백화점에 입점해 있는 빵집은 판매량이 는다. 너무 춥거나 너무 더워도 판매량이 준다. 매일 판매량과 그날의 특이 사항을 기록해 두면 일 년만 지나도 다음 해에는 훨씬 내실 있게 장사할 수 있다.

고객을 기억하고 주로 구매하는 빵을 기억해 두는 것이 중요하다. 기억해 두는 방법으로 저마다의 특징이 있겠지만 빵에 관해 얘기를 나누다 보면 고객과 공감대를 나눌 수 있다. 그렇게 나눈 공감대를 기억하기 좋은 방식으로 기록해 두면 좋은 데이터가 된다.

여섯시오븐에서는 빵 구독 서비스를 제공한다. 일정 기간 빵을 정기적으로 배송해 주는 서비스이다. 매번 응대 직원이 달라질 수 있기 때문에 각각 내용을 상세히 기록하여 함께 저장하여 공유하도록 하고 있다. 즐겨 드시는 빵, 선물한 서비스 내용, 특이사항 등 아주 사소한 것들도 자세히 기록해 둔다. 예를 들어 이전에 모녀가 같이 오셨던 고객은 '모녀가 함께 방문'이라고 저장해 두었다가 다음에 어머니가 혼자 오셨을 때 "따님은 잘 계시나요?"라고 관심을 보인다.

데이터가 쌓이면 그 손님이 얼마나 자주 오는지, 한 번에 얼마만큼을 사는지를 알 수 있다. 그런 정보가 있으면 일주일에 한 번 오는 손님이 2주일 만에 왔다면 "매주 오시더니 무슨 일이 있으셨나 봐요"라고 말을 걸 수 있다. 보통 오는 주기에 손님이 오지 않으면 문자나 톡을 보낼 수도 있다.

손님이 평소 즐겨 드시는 빵을 파악해 두고 "이 빵 좋아하시죠? 그런데 이 빵 좋아하시는 손님들은 이 빵도 좋아하시더라고요. 한 번 맛보세요"라며 다른 빵을 서비스로 드린다. 그럼 그 손님이 좋아할뿐더러 다음에는 이번에 덤으로 받은 빵도 사게 된다.

우리 빵집에 단골로 오시는 손님 중에 2~3일에 한 번씩은 꼭 오시는 분이 계셨다. 그러다 보니 그 손님이 좋아하시는 빵의 종류나 취향을 알게 되었고 그런 부분을 메모로 기록해 컴퓨터에 저장해 두었다. 그 손님이 오시면 빨리 컴퓨터를 열어 확인해 보고 한 번도 드셔보지 않은 빵을 권하거나 결혼기념일이나 생일날에 깜짝 선물을 했더니 그 손님이 굳건한 단골이 되었다.

20세기 산업을 움직인 것이 석유라면 21세의 산업을 움직이는 것은 데이터라는 사실은 동네에서 하는 장사에도 예외는 아니다. 솔직히 나는 데이터를 장사에 활용하는 점에서 젊은 사람들에게 뒤쳐져 있다고 생각한다. 젊은 친구들이 황금 같은 데이터를 긁어모아서 활용하면 나보다 훨씬 더 재미있게 매출을 높일 수 있다.

망하지 않는 장사 비결 11. 직원에 대한 헛된 기대를 버리라

사업장이 커지고 장사가 번창하게 되면 어쩔 수 없이 다른 사람들을 고용해서 장사를 해야 하는 상황이 올 때가 있다. 이때 가장 중요한 것이 팀워크다. 다른 사람을 고용해서 장사를 할 때 명심해야 할 것

이 있다. 사장과 직원은 같은 마음일 수 없다는 점을 인정하고 받아들이는 것이다.

　사장과 직원이 한마음으로 한 가지 목표를 향해 달려간다는 것은 거의 불가능하다. 그만큼 장사에서 사람과의 관계는 어렵다. 대우를 잘해 주고 월급을 많이 주면 이직률이 낮아지고 잘할 거라고 생각하지만 해 본 사람들은 그렇지 않다는 것을 안다. 좋은 대우가 처음에는 고맙지만, 조금 있으면 당연해지고, 마지막에는 대우와 관계없이 불만이 쌓여 간다. 직원과의 관계는 정말 풀기 어려운 숙제다.

　직원은 가게 문턱을 넘어서는 순간에 일터와는 남이 된다. 그게 당연한 것이다. 퇴근해서까지 가게 걱정을 하고 밤잠 못 이루는 직원이 누가 있는가? 간혹 그런 사람이 없는 것은 아니지만 흔한 일은 아니다. 나쁜 의도로 얘기하는 것이 아니라 확실하게 현실을 보자는 의미에서 드리는 고언이다. 이 부분만 확실하게 인식하면 직원들을 미워할 필요도 없게 되고 쿨하게 대하게 된다. 즉 기대치가 없으면 미움도 없다는 얘기다.

　일본에서 아르바이트할 때 느낀 것인데 막 퇴근시각이 되어 나가려고 할 때 손님이 밀려오면 우리나라 사람은 인정상 나가지 못하고 뭐라도 거들고 나가는 경향이 강하다. 아르바이트하는 중에 무슨 일이 있어서 한 시간 정도 늦게 되었을 때 한 시간분을 제한 아르바이트비를 받은 일이 있다. 그때 갑자기 주인에 대한 미움이 올라왔다. 내가 시간 외로 잠깐잠깐 도와준 것만 해도 몇 시간인데 한 시간분을 제하고 아르바이트 비용이 나온 것이 너무 괘씸하게 생각되면서 점점 그 가게가 싫어지는 경험을 했다. 그때 생각한 것이 그냥 계약 대로만 했으면 서로 미워하고 괘씸하게 생각할 필요가 없었을 것이라는 점이다. 해 주고 정 떨어지고 결국에는 그 집에서 아르바이트를 그만두게 되는 것을 경험하면서 많은 생각을 하게 됐다.

이런 인간관계를 너무 잘 알기에 내가 하는 장사에는 사장이란 직함이 없다. 사장이라는 이름에서 느껴지는 거리감을 없애기 위해서다. 기껏 올라가 봤자 부장 정도가 내가 올라가 본 가장 높은 직함이다. 그래서 지금도 옛날 직원들이 전화 오면 부장님이라고 호칭을 하는데 얼마나 정겨운지 모른다. 일단 호칭 문제가 정리되고 나면 어떻게 해야 직원들과 마음을 터놓고 지낼 수 있느냐가 또 하나의 숙제로 남는다.

나폴레옹 제과점에서 공장장으로 일할 때는 돈독하게 직원들과의 호흡을 맞춰왔다. 그러나 직접 내 가게를 할 때는 아무리 마음을 맞춰 보려고 노력해도 불리는 호칭과 관계없이 어쩔 수 없이 사장과 직원이란 입장으로 벌어진 간격을 메우기가 정말 힘들었다. 같은 얘기라도 나폴레옹 제과점에서 부장으로서 했을 때는 감동적으로 들어주었는데 사장으로 하면 잔소리로 들었다. 나폴레옹에서 부장으로 일할 때나 내 가게를 하면서 부장으로 일할 때나 나는 똑같은 마음으로 대한다고 생각했는데 그들이 그렇게 느끼지 않았다.

어떻게 해야 이 문제를 풀 수 있을지 고민하다가 내가 그들에 대한 기대치를 낮추는 것이 가장 좋은 방법이라고 생각하게 됐다. 사장은 잠자리에 누워서 잠들 때까지 한시도 장사 걱정이 머리에서 떠나지 않지만, 직원은 가게 문턱을 넘어서는 순간에 가게 생각은 머리에서 없어지는 것이 당연하다는 단순한 사실을 받아들이면서 오히려 나도 마음이 편해지고 직원들과의 관계도 돈독해졌다. 즉, 나만큼 안 한다고 그들을 미워하는 마음이 없어졌다는 얘기다. 기대하는 마음이 없어지다 보니 편하게 대하게 되고, 그 편한 관계가 오히려 그들의 근무 의욕을 높이게 되는 묘한 경험을 하면서 인간관계의 어려움을 또 한 번 느꼈다.

반대로 아들과 함께 일할 때는 나도 모르게 화를 낼 때가 많았다. 아들도 그런 부분이 맘에 안 들었는지 하루는 "이렇게 사소한 일로 이렇게 크게 화를 낼 일이 뭐가 있느냐"며 격렬하게 대들었다. 그 말이 마음에 걸려 온종일 곰곰이 나에 대해서 생각했다. 왜 아들의 사소한 잘못이 나를 화나게 하는지를 헤아려 보았다. 그리고 내린 결론을 아들에게 얘기해 주었다. 아들이기에 그만큼 기대치가 크고, 기대치가 크다 보니 작은 일에도 화가 났다고. 지금은 이 사소한 문제가 아무것도 아니게 느껴질지 몰라도 이게 점점 시간이 지나면서 나중에 어떤 형태로 변해갈지 경험으로 알기 때문이라고. 지금의 사소한 것보다도 미래의 변해갈 너의 모습에 대해 화를 내다 보니까 도를 넘었다고 솔직하게 얘기했다. 그 이후로는 나도 조심했고, 내 밑에서 고생 한 덕분인지 아들도 독립해서 구미에서 빵집을 잘 운영하고 있다.

장사에서는 경영주와 직원들 간의 신뢰관계가 가장 중요한 덕목이라고 생각한다. 이런 신뢰관계는 어느 경영 서적을 보더라도 제일 앞 장에 나올 정도로 가장 중요한 점이기도 하지만 그것이 생각한 만큼 쉽게 이뤄지지 않아서 어려운 것 같다. 신뢰관계는 월급을 많이 준다고 해서 이뤄지는 것도 아니고 근무 조건을 개선해 준다고 해서 이뤄지는 것도 아닌 것 같다.

그렇다면 어떻게 해야 직원들과 서로 신뢰할 수 있을까? 인간 대 인간의 감정 관계는 너무 복잡다단해서 한마디로 잘라서 단정 짓기는 너무 어렵다. 그러나 직원과의 신뢰관계를 만들어 가기 위해 가장 중요한 한 가지를 꼽으라면 나는 '서로 아끼고 사랑하는 마음'이라고 말하겠다. 너무 진부한 얘기라 "사랑이 그게 뭔데?"라고 생각할 수도 있다. 하지만 정말 아끼고 사랑한다면 사소한 것 하나에서도 말투 하나에서 묻어 나오는 정을 상대방이 느끼게 된다.

아끼고 사랑하는 마음으로 직원을 보기 위해서는 직원을 보는 나의 시각을 재점검할 필요가 있다. 장사를 하시는 많은 분 중에는 직원들에 대해 '내가 너희를 먹여 살리고 있지'라고 생각하는 사람이 의외로 많다. 사실은 직원들이 열심히 일해서 얻은 이익으로 본인이 잘 살고 있는데 반대로 생각하는 것이다. 이렇게 생각하면 조금만 매출이 떨어져도 직원들을 탓하게 되거나 원망하게 된다.

직원에 대한 헛된 기대를 내려놓고 '이 사람들 덕분에 내가 먹고살고 있구나' 하는 감사한 마음으로 직원들을 바라보면 만족스러운 관계를 만들어 갈 수 있을 것이다.

망하지 않는 장사 비결 12. 자기 관리를 하라

사람들은 장사를 돈을 벌기 위해 시작한다. 하지만 막상 장사를 시작해 보면 장사해서 돈을 벌기가 생각한 만큼 쉽지 않다는 것을 알 수 있다. 쉽지 않은 이유야 생각해 보면 새털처럼 많지만 결론적으로는 단 한 가지, 자기 자신과의 싸움에서 이기느냐 지느냐로 귀결되는 것 같다.

장사를 시작하기 전에는 장사를 해야만 하는 이유가 수도 없이 많지만 막상 장사를 시작해 보면 장사를 하기 전에는 알 수 없었던 그만두어야 하는 이유가 수도 없이 많은 것을 알게 된다. 그만큼 힘들다. 물론 장사를 해서 정말로 많은 돈을 버는 사람도 있지만 그런 사람은 극히 일부분에 불과하다. 그저 매일매일 일희일비하며 조금씩 돈을 모아가는 것이 일반적인 장사다. 즉 장사를 해서 돈을 벌기는 그리 호락호락하지 않다. 특히 장사를 크게 벌려서 임대료가 비싸고 고용하는 직원이 많으면 많을수록 장사는 점점 더 힘들어진다. 직원 구하기도 힘들고 어렵게 직원을 구한다고 해도 요즘은 고용 조건이 까다로워져서 그 조건을 다 맞춰가면서 장사를 하기는 무척이나 어렵다.

사실 장사를 해 보면 돈을 번다는 것은 생각만큼 만만한 일이 아니라는 걸 알게 된다. 오늘은 장사가 잘되어 기뻐하다가 내일은 잘 안되어 울상을 짓는 일이 반복되다 보니 웬만큼 멘탈이 강하지 않고서는 버티기가 쉽지 않다.

끝까지 살아남는 장사는 자기 자신과의 싸움에서 이기는 장사이다. 많은 것을 벌려고 무리하게 투자하니까 문제가 된다. 시골의 할머니들이 하는 식으로 소박하게 운영하고, 와 주는 손님에 대해 감사한 마음으로 상품을 내놓고, 자기가 기술을 갖고 요리하면 망하기가 쉽지 않다. 안되는 날도 있지만 잘되는 날도 있어서 쉽게 망하지 않는다. 오래하다 보면 자기는 못 이루더라도 그 아들이 이룰 수 있다. 전국 몇 대 빵집에 든다는 전주의 이성당, 대전의 성심당도 2세 때 본격적으로 꽃을 피웠다.

장사하는 장인은 프로 운동선수 같다는 생각을 한다. 장사를 완성해 나가려면 몇 가지 조건이 있는데 첫째는 체력이다. 적어도 하루 10시간 이상 서서 빵을 만들 정도의 체력이 준비되지 않으면 아무리 기술이 좋아도 사상누각이다. 나는 70을 바라보지만 지금도 매일 새벽 4시에 나가서 빵을 만든다. 장인의 길은 죽을 때까지 몸으로 제품을 만들어 가는 것이라 믿는다. 몸을 움직일 수 없을 때까지 그런 모습을 제자들에게 보이고 싶다. 그러기 위해서라도 매일 아침 에어로빅 운동을 한다.

다음으로 장사에서는 루틴을 세우고 지켜야 한다. 요즘 혼자 하는 빵집을 하는 사람 중에는 자기 편의에 따라 쉽게 문을 닫고 쉬는 사람이 많다. 자기가 제일 소중하니 자기를 중심에 두고 하는 것이라고 하면 할 말은 없다. 하지만 공연 직전에 아버지가 돌아가셨어도 눈물을 보이지 않고 밝은 표정으로 노래를 불러야 했던 조수미 같은 삶이 장사하는 장인의 삶이 아닐까. 때로 힘들어도, 내키지 않아도, 손님과의 약속을 지키기 위해 무거운 몸을 이끌고 일터로 나가는 것을 매일매일, 긴 세월 동안 해내는 것. 그런 자기 관리를 해야 손님도 팬이 되어 주고 장사가 안정된다.

　장사를 잘하는 가장 중요한 비결은 자기 관리와 성실함이다. 한두 번 열심히 하는 거야 누구나 할 수 있다. 하지만 십 년이고 이십 년이고 매일 꾸준히 자기 일을 한다는 것은 재미의 경지를 넘어서는 일이다. 자기 자신과의 싸움에서 이기지 않으면 불가능한 일이다. 이런 힘든 경지를 넘어서게 되면 세계 어느 곳에 가서도 밥 굶을 일은 없을 것이다.

망하지 않는 장사 비결 13. 부동산이나 투자를 챙겨라

　제조업을 해서 돈을 크게 번 분들을 살펴보면 대부분 그 업으로 돈을 번 것이 아니라 그 업을 하기 위해 부득이 샀던 부동산이 올라서 돈을 번 경우가 많다.

　올림픽 선수촌 아파트 상가에서 10년간 제과점을 하다가 그만두면서 나는 만일 다시 장사를 하게 된다면 꼭 내 건물에서 하겠다고 나 자신에게 약속했다. 임대료의 무서움을 알았기 때문이다. 올림픽 선수촌 상가에서 장사를 할 때 상가 하나가 매매 물건으로 나왔다. 당시 금액으로 4억 8천만 원이었다. 구매를 할까 말까 망설이는 사이에 다른 사람에게 팔리고 말았다. 우리 제과점을 그만둘 때 보니 10년 만에 25억 원으로 상승해 있었다. 기절하는 줄 알았다. 나는 10년 동안 임대료로 죽어라 낸 돈이 11억 원 가까이 되는데 그 상가는 그만큼 오른 것을 보고 장사에는 빵을 만들어 사고파는 상거래 외에 플러스 알파가 있다는 것을 경험했다.

임대료는 10년을 내도 내 것 되는 것이 하나도 없는 데 비해 은행에서 융자를 받고 그 돈을 갚으면 10년 후에는 내 것이 하나 생긴다는 누구나 아는 평범한 진리를 그제야 깨달았다. 내 실력과 내 노력으로 열심히만 하면 잘될 거라고 자부하면서 기술자는 제품으로 승부한다는 고집만으로 장사를 했던 것이 장사의 반쪽 부분이었다는 중대한 사실을 잠실 가게를 그만둘 때 비로소 깨달았던 것이다. 기술과 장사의 종합적인 부분을 못 보고 그냥 기술자의 기술만 고집한 결과였다. 그것을 깨닫고 주위를 둘러보니 기술은 전혀 없으면서 제과 업계에 뛰어들어 성공한 사람들의 모습이 보이기 시작했다. 10년 동안 비싼 수업료를 납부한 것이다. 그런 경험이 있기에 돈이 부족해도 내 건물을 무리해서라도 사고 싶었다.

양수리로 이사 올 때 양수리로 가도 성공할 수 있을 것이라고 믿었던 세 가지가 있었는데 앞에서 이미 거론했던 자동차 문화의 보급과 건강한 빵에 대한 인식과 더불어 SNS의 보편화였다. 이제는 어디에서 장사를 하든 고객들의 신뢰를 받을 수 있는 빵을 만들면 빠르고 늦고의 차이는 있겠지만 언젠가는 고객들이 찾아올 거라는 믿음이 있었다. 미래에는 동네 사람들만을 상대하지 않고 전국을 상대로 장사할 시대가 올 거라는 믿음이 있었다. 그런 시대의 흐름을 알아보기 위해 시간만 나면 전 세계를 돌아다니며 빵 시장의 흐름을 살폈다. 생각은 이랬지만 현실적으로는 주차장이 구비된 건물을 매입해야 한다는 금전적인 어려움이 기다리고 있었다. 앞으로의 장사는 주차장의 유무가 관건이 될 것이라는 걸 알고 있었기 때문이었다. 그래서 내린 결론이 대로변에 주차장이 완비된 비싼 건물보다는 적은 돈으로 매입할 수 있는 골목으로 들어가자는 것이었다. 골목이면 건물값도 그다지 비싸지 않고 잠깐 빵을 살 정도의 주차라면 이면 도로가 편리할 거라고 생각했다.

그래서 찾은 것이 지금의 곽지원 빵공방 건물이었다. 양수리 골목에 들어오면 유럽 어디선가 본 듯한 예쁜 건물인데 아주 싼 값에 매입하고 그곳에 빵집을 차렸다. 지금이야 다들 잘했다고 칭찬을 하지만 처음 빵집을 차릴 때는 많은 사람이 만류했다. 지나다니는 사람 한 명 없는 이런 한적한 골목에서는 절대로 빵집이 안 될 거라는 것이었다. 그러나 나는 믿었다. 고객들은 반드시 맛있고 건강한 빵을 사러 우리 빵집을 찾아올 것이고, 알려지기까지에는 많은 시간이 걸리겠지만 언젠가는 시간이 해결해 주리라고 믿었다.

사실 이 건물을 살 때 많은 우여곡절이 있었다. 건물을 지으신 분이 몇 달 전에 갑자기 심장마비로 돌아가셨는데 자제분들이 상속세를 내지 않기 위해서 돌아가시고부터 6개월 이내에 팔고 싶어서 이리저리 알아봐도 구매자가 없었다는 것이다. 그러다 마감 기한이 일주일 정도 남았을 때 그동안 가게를 사고 싶어서 알아봐 달라고 부탁했던 부동산에서 나에게 혹시나 해서 전화했다면서 구매할 의사가 없느냐고 연락이 왔다. 조그마한 양수리 바닥이다 보니 그 건물은 진작부터 알고 있었고 원체 가격이 나가는 건물이라 꿈도 꾸지 못했는데 싼값으로 나온 것이다. 하지만 집을 구매하고 대출금을 갚느라 현금이 얼마 없었다. 원래부터 내가 이상적으로 생각했던 건물이라 매입하고 싶어서 이리저리 돈을 끌어모았지만 그렇게 모은 현금은 건물값의 10분의 1도 안되었다. 그런데 그 돈으로 그 건물을 산 것이다. 기적처럼.

준비된 현금으로 계약금을 주고 농협에서 내 집과 사려고 하는 그 건물을 담보로 융자를 받아 10분의 1도 안 되는 현금으로 건물을 매입할 수 있었다. 살고 있는 지역의 금융권에서 신뢰를 받고 있으면 불가능한 일도 가능해진다는 것을 그때 깨달았다. 독불장군처럼 빵만 잘 만들면 된다는 나의 독단적인 사고방식이 이런 경험을 통해서 많이 바뀌었다. 얼마 전에 아내에게 어느 부동산에서 매입가의 3배가 넘는 금액을 제시하면서 팔지 않겠느냐는 전화가 왔다. 건물 가치가 세 배가 뛴 것이다. 이에 나는 역시 장사는 내 건물에서 하는 것이 정답이라고 생각했고 내 제자들에게도 늘 이 부분을 강조해서 가르치고 있다. 이렇게 집과 건물을 산다고 있는 돈 없는 돈을 다 끌어 쓴 후 장사가 일정 궤도에 오를 때까지 살아남기 위해서 생활비는 내가 다니는 학교와 아내의 슈가크래프트 교실에서 버는 돈으로 충당해 나갔다.

자기 건물에서 하는 장사가 가장 안전하다. 하지만 말이 쉽지 자기 건물을 산다는 것은 쉽지가 않아서 부득이 임대할 경우에는 되도록 임대료가 싼 건물을 얻는 것이 철칙이다. 가능하다면 건물을 구매하고, 임대료로 내야 할 돈을 은행 융자금 갚는 데 쓰는 것이 가장 좋은 방법이라고 생각한다. 그래서 몇 년 고생해서 장사를 하다 보면 건물값이 올라서 장사를 해서 버는 돈보다도 건물값 상승분이 클 경우가 많다.

망하지 않는 장사 비결 14. 시대의 흐름을 읽고 변화하라

지방의 큰 도시에 가면 상가가 밀집해 있고 그 지역을 대표하는 가장 번화한 곳이 있는데 그런 곳을 서울의 명동을 빗대서 '명동'이라 부르던 시절이 있었다. 그런 곳에 그 지역을 대표하는 제과점이 떡하니 자리 잡고 있었는데, 지금은 그 당시의 인기보다 더 명망을 높이고 있는 제과점이 있는가 하면 역사의 뒤안길로 사라진 제과점도 있다. 원인이야 여러 가지가 있겠지만, 사라진 제과점은 시대의 흐름을 읽지 못하고 구태의연하게 낡은 옛날 영업 방식을 고집했던 것이 가장 큰 원인이 아닌가 생각한다.

도시가 점점 커져 가면서 주요 상권이 옛날의 명동이라 불렸던 지역에서 주변의 신흥 상가 지역으로 옮겨 갔다. 이런 발전 과정을 이해하지 못하고 옛날 자리를 고수하다가 결과의 심각성을 깨달았을 때는 이미 때가 늦은 경우가 많았다.

빵집 같은 경우에는 옛날에는 대로변처럼 사람들 눈에 확 뜨이는 곳을 많이 선호했지만, 이제는 골목에서 해도 괜찮고 외각으로 나가 산속이나 외진 곳에서 해도 괜찮다고 생각한다. SNS가 발전하고 자동차 문화가 보편화된 덕분에 이제는 맛있다는 소문이 나면 멀리서라도 찾아오는 시대가 되었다. 그러다 보니 주차장이 가장 큰 문제이지만, 골목에 가게가 있으면 빵을 사는 동안 차를 잠시 주차할 수 있고 건물값이 저렴하다는 장점 때문에 제자들에게는 골목에 빵집을 내라고 추천한다.

미리 시대의 흐름을 읽고 미래를 준비했던 가게들은 이제는 그 지역만의 명물이 아닌 전국적으로 유명해진 제과점이 되었다. 가장 대표적인 것이 군산의 I제과점과 대전의 S제과점이다. 군산의 I제과점은 자기 자식도 유학 보내려면 몇 번을 생각해야 했던 30년 전에 이미 직원 한 사람을 2년간 일본 유명 제과학교로 유학을 보냈다. 그 직원에게 일본 화과자 공부를 시켜 일본 앙금을 배우게 한 뒤 앙금공장을 만들었다. 그 앙금을 이용한 앙금빵이 이제는 대한민국에서 모르는 사람이 없을 정도로 전국적으로 유명한 제과점으로 자리를 굳힌 것을 보며 미래를 준비하는 것이 얼마나 중요한지 알 수 있다. 이런 제과점들의 문제는 대표 상품에 대한 의존도가 너무 크다는 것이다. 대표 상품의 인기가 없어질 것을 대비해서 또 다른 대표 상품을 준비해야 한다는 무거운 중압감을 이겨 내는 것이 이런 제과점들이 미래를 준비하는 데 핵심일 것이다.

이때 변해야 하는 것과 지켜야 하는 것을 구분하는 것이 중요하다. 나는 텔레비전을 많이 보지 않지만 UFC 격투기, WWE 레슬링, 당구는 즐겨 본다. 잔인하게 피 흘리고 싸우는 모습에 아내는 질색하지만 이 세 가지 운동에서 많은 것을 배우고 있다. 우리가 자라던 시절에는 격투기로는 권투와 레슬링이 최고였다. 전설적인 선수들도 즐비했다. 어린 시절에는 시골 우리 집에만 TV가 있어서 레슬링 시합이 있는 날에는 우리 집 마루에 TV를 내어 놓고 우리 집을 극장으로 삼아 동네 사람들하고 같이 재미있게 보았던 기억이 있다. 세월이 흘러 새로운 형태의 운동들이 생겨나면서 권투와 레슬링은 완전히 하향세로 돌아섰다. 그러나 최근 레슬링은 WWE를 통해 다시 부활한 반면 권투는 존재감마저 희미하다.

이런 모습에서 우리 빵도 어떻게 해야 변화하는 시대의 흐름에서 살아남을 수 있는지를 배운다. 거칠다고 생각되는 거구의 레슬러들이 기타를 들고 나와 링에서 노래를 부르기도 하고 링 위에서 피아노를 연주하거나 뭔가 오락거리를 보여 주는 모습에서 변화해 가는 시대상에 맞게 노력하는 모습을 보고 공부가 많이 된다.

나는 당구는 치지 않지만 당구대회에 나오는 프로 선수들이 자로 잰 듯 정확하게 당구를 치는 모습에서 자극을 받는다. 도대체 얼마나 많은 연습을 했기에 저럴 수가 있을까 감탄한다. 아들이나 제자들과 얘기하다 보면 나를 고루하고 완고해서 옛날 것만 고집하는 노인으로 알고 있는데 천만의 말씀이다. 빠르게 변화하는 현대 사회를 살면서 10년 앞을 바라보고 지금 무엇을 준비해야 하는지를 늘 고민하고 뒤떨어지지 않으려고 노력하고 있다. 길을 가다가 멈춘다는 것은 후퇴다. 나는 서서 현상 유지를 하고 있다고 생각해도 내 주위 사람들이 앞을 향해 가고 있다면 자연스럽게 나는 후퇴한 꼴이 된다.

20년 전의 배합표를 기본으로 하여 매일 새로운 기법과 새로운 빵을 만들어 나가다 보면 이름은 같은 빵이어도 내용은 전혀 다른 빵으로 변화해 간다. 10년 전 손님의 입맛과 오늘 오신 손님의 입맛은 당연히 다르기 때문이다. 시기에 유행하는 빵이 있다. 사람들의 취향은 계속 변한다. 예전에는 달고 느끼했는데 점점 심플한 것을 좋아하게 된다. 크기도 점차 줄었다. 앞으로는 식구 수가 줄기 때문에 이런 변화가 더 빨라지지 않을까? 이런 질문을 던지며 나도 지금까지 계속해서 시대의 흐름을 읽으려 노력해 왔다.

그렇게 도달한 나의 결론은 '건강하며 심플한 밥 같은 빵'이다. 빵이 아무리 변해 가도 변하면 안 되는 한 가지 기본이 있는데 그것은 건강한 빵이어야 한다는 것이다. 우리 가게에 오시는 손님의 건강을 해치면서까지 돈을 벌어서는 안 된다. 우리 빵집이 골목에 있어서 눈에 잘 띄지 않아도 사람들에게 사랑받는 가장 큰 이유는 내가 만든 빵은 소화가 잘되는 빵이기 때문이다. 이 이야기는 내가 하는 이야기가 아니다. 우리 빵집에 오시는 손님 대부분이 우리가 파는 빵은 소화가 잘돼서 오신다고 하신다. 건강한 재료에 건강한 천연효모종을 이용해서 빵을 만들다 보니 소화도 덩달아 잘될 수밖에 없다.

사실 음식의 맛은 지극히 주관적이다. 짠 음식을 좋아하는 사람은 짜야 맛있고 싱거운 음식을 좋아하는 사람은 싱거워야 맛있다. 즉 맛은 어렸을 때부터 익숙해진 맛이 가장 맛있게 느껴진다. 갓 결혼하고 신부가 해준 음식을 먹으면서 자기 어머니가 해준 음식이 가장 맛있다고 신부를 섭섭하게 하는 바보 남편이 지금도 있는지 모르겠다. 어머니표 음식은 어렸을 때부터 쭉 먹어 왔으니 맛있는 건 당연한 일이 아닌가? 그런 바보 남편이 결혼하고 이삼십 년 지난 뒤에 어머니가 해 주시는 음식을 먹고는 옛날 맛이 안 난다는 둥 어머니의 음식이 변했다는 둥 얘기하여 어머니를 슬프게 한다. 어머니의 음식 솜씨가 변한 것이 아니라 부인이 해주는 음식에 그만큼 길들여져 맛의 기준이 바뀌었다는 것을 모르면서 말이다.

맛의 생리가 이렇다는 것을 알기에 나는 새로운 빵을 만들 때는 어떤 빵 맛을 표현할지를 많이 고민한다. 이런저런 재료를 넣고 다양한 맛을 구상할 때도 단 한 가지 변함없이 모든 빵에서 표현하려는 빵 맛이 있다. 그것은 누룽지 같은 맛이다. 즉 빵의 색을 약간 진하게 내는 것이다. 곡물은 약간 색이 진하게 내야 구수한 맛이 강해지기 때문이다. 밥과 누룽지를 비교했을 때 누룽지가 훨씬 맛있게 느껴지는 건 바로 이 때문이다.

요즘 고객들은 고기를 구을 때 고기의 탄 부분에서 추출되는 발암 물질인 벤조피렌 때문에 빵도 색이 진하면 벤조피렌이 나오지 않을까 봐 걱정이 돼서 색이 연한 빵을 선호하는데, 벤조피렌은 탄 고기에서만 추출되는 성분이어서 곡물로 만드는 빵과는 전혀 관계가 없다. 구수한 맛에 소화가 잘되는 건강빵. 내가 평생 추구하는 빵이다.

망하지 않는 장사 비결 15. 미래를 미리 준비하라

이 책을 일관되게 관통하는 주제는 아마도 누구도 알 수 없는 미래라는 것일 것이다. 사실 우리가 앞으로 어떤 삶을 살게 되고 어떤 경로를 통해서 살아가며, 언제 죽을지 그 누가 알겠는가? 물론 계획이야 세우겠지만 살다 보면 세웠던 계획과는 전혀 다른 곳을 향해서 가고 있는 자신의 모습을 보면서 당황할 때가 있을 것이다. 인생은 럭비공과 같아서 어디로 튀어 갈지 그 누구도 알 수 없다.

하지만 그 누구도 미래를 알 수 없기에 미래를 대비해서 미리미리 준비해 놓아야 한다. 무슨 말이냐면 그 시점에는 왜 해야 하는지 모르겠지만 닥친 일을 하나씩 해결해 나가다 보면 준비해 놓은 것을 써먹을 때가 반드시 온다는 의미이다. 나를 업그레이드할 기회가 왔을 때 미리 준비해 놓았다면 자연스럽게 그 기회에 편승해서 한 단계 업그레이드할 수 있겠지만 그런 기회가 왔을 때 "저런!" 하면서 그때부터 준비하려고 한다면 이미 때는 늦었다는 얘기이다.

내 제자들한테도 시간이 되면 석·박사 과정을 밟으라고 권유하는 것도 이런 이유에서다. 빵집을 하면서 가장 이상적인 빵집 주인상이란 일주일에 한두 번 정도 오전에 빵을 만들어 놓고 판매는 아르바이트생에게 부탁해 놓고는 자신은 미래를 위한 업그레이드를 하는 것이라 생각한다.

예를 들어 내 경우는 그 시간에 현장감 있는 지도를 통해 훌륭한 제자들을 키우는 것이야말로 보람된 일이라고 생각했다. 그러기 위해서 기왕이면 대학에서 강의를 하고 싶었고, 석사학위 이상의 학력이어야 대학교에서 강의를 할 수 있어서 미리 석사학위를 받아 놓았다. 덕분에 대학에서 강의할 기회가 왔을 때 자연스럽게 그 기회를 잡을 수 있었다.

미리 준비하면 좋은 기회가 왔을 때 잡을 수 있다는 경험 때문에 나는 석사, 박사 학위가 이미 있었지만 67살의 나이에 다시 방송통신대학 일본학과 2학년에 편입하여 열심히 공부하고 있다. 미리 장담하기는 그렇지만 아마도 일본어학과를 졸업하고 나면 불문학과나 영문학과에 편입해서 공부를 하고 있을 것이다. 좀 더 나이를 먹고 체력적으로 도저히 빵을 만들 수 없게 되면 아마도 주민센터에서 일본어나 영어, 불어를 가르치고 있지 않을까 생각한다.

지금 만약 하고 싶은 일이 있고 그 일로 자신의 실력이 높아진다면 바로 돈이 안 되더라도 시간을 투자하는 게 좋다. 나중에 반드시 여러분이 예상치 못한 좋은 기회로 연결되는 다리가 되어 줄 것이다.

망하지 않는 장사 비결 16. 끊임없이 개선하는 습관을 들이라

장사를 십 년 해도 제자리인 사람이 있는가 하면 일 년밖에 하지 않았는데도 몰라보게 발전하는 사람이 있다. 그 차이는 매일매일 장사를 하고, 그 결과를 조금씩이라도 개선하려는 노력에서 생긴다.

빵 만들기는 매우 과학적이고 예술적이면서 경험치가 많이 가미된 일이다. 매일 만드는 빵이라도 매번 똑같지 않은 것은 그날그날의 일기와 만드는 사람의 기술력에서 많은 영향을 받기 때문이다. 여름에 장마가 계속되면 대기 중의 습도가 높아지면서 밀가루가 흡수한 수분이 많다 보니 레시피에 적힌 대로 똑같은 양의 물을 넣어도 반죽이 질게 나오고, 건조하고 기온이 높은 날에는 반대의 현상이 일어난다. 봄, 여름, 가을, 겨울에 따라 빵 반죽을 각각 다르게 해야 하므로 그때그때 일어나는 현상을 꼼꼼하게 기록하고 만드는 과정을 개선하는 습관을 들이지 않으면 매번 똑같은 품질의 빵을 만들 수 없다. 특히나 이스트처럼 공장에서 생산되는 효모와는 달리 본인이 직접 키워 만드는 천연효모종으로 빵을 잘 만들기 위해서는 적어도 사계절은 겪어 봐야 제대로 된 빵을 만들 수가 있다.

망하지 않는 장사를 하려면 끊임없이 공부하고 노력해야 한다. 이 정도면 충분하다고 생각하는 순간 기술자로서의 생명은 끝이다. 지금은 코로나19 때문에 여행이 금지되어 꼼짝도 못 하고 있지만 그전에는 매년 틈 날 때마다 전 세계를 돌아다니면서 새롭게 변해 가는 빵 시장을 둘러보고 공부하는 것이 나의 커다란 낙이었다. 체력이 언젠가는 방전되어서 움직이지 못할 때가 오겠지만 그때까지는 매일매일 새로 배우고 나의 빵 기술을 발전시켜 나가고 싶다.

끊임없이 개선하는 데 꼭 필요한 것이 호기심이다. 나를 아는 사람들은 다방면에 걸친 나의 호기심을 희한하게 생각한다. 뭐가 그렇게 궁금하냐고 다들 궁금해한다. 나는 바로 그 호기심이 지금의 나를 있게 했다고 생각한다. 끊임없는 공부, 미래는 어떻게 변해 갈 것인가에 대한 지적 호기심이 재미가 있다. 올해는 방송통신대학교 일본어학과 2학년에 편입해서 바쁜 시간을 쪼개서 공부를 하고 있는데 정말 즐겁다. 주위에서는 박사과정까지 마친 사람이 왜 다시 학부 공부를 하느냐고 의아해하지만 공부를 해 본 사람은 안다. 새로운 것을 알아간다는 것이 얼마나 재미있는지.

'이런 호기심이 어디에서 온 것일까?' 생각해 보니 아마도 내가 하는 일을 잘하고 싶다는 마음에서 비롯된 것 같다. 가난하지 않기 위해 장사로 돈을 벌고 싶었고, 돈을 벌기 위해 빵을 배웠는데 기왕 빵 장사를 해서 돈을 벌기로 한 이상 그 누구보다 잘하고 싶어서 빵에 대한 호기심을 품고 공부하다 보니 더욱 빵에 대한 사랑이 생기고, 그런 사랑 때문에 더 호기심이 생기고, 그 선순환 속에서 빵을 만들고 파는 실력이 늘어 많은 손님의 사랑을 받게 되었다.

빵 이외의 다른 세상사에 대한 호기심도 결국 한 번 사는 인생을 최대한 멋지게 살고 싶다는 내 승부욕에서 비롯된 것 같다. 인생이 무슨 의미가 있을까 고민하기보다는 이미 나에게 주어진 인생을 최대한 활용하여 세상을 탐구하고 내가 하고 싶은 일을 하는 데 전력투구해 왔다. 그런 점에서 나는 지독한 현실주의자이자 낙관주의자인 셈이다.

망하지 않는 장사 비결 17. 가족과 조력자의 지원을 확보하라

장사에서 절대적으로 필요한 것은 가족의 전폭적인 협조다. 가족이니까 모든 것을 이해하며 매사가 순조로울 것처럼 생각하는 사람이 많은데 실제로 해 보면 월급 주고 쓰는 남이 편하다고 생각할 때가 많다. 장사라는 것이 원체 힘들다 보니 가족일지라도 같이 하다 보면 지쳐서 서로 다투기도 하고, 너무 서로를 잘 알다 보니 사소한 말 한마디에 서운해져서 실제보다 부풀려지고 엇박자가 나는 경우가 많다. 특히 배우자의 협조가 없거나 사사건건 대립각을 세우면 장사보다도 내분을 다스리는 일이 더 힘들어진다.

그런 면에서 나는 행운아다. 매사를 100% 신뢰하고 믿어 주는 아내가 있어 장사를 하는 데 얼마나 힘이 되는지 모른다. 이솝 우화에 길가는 행인의 옷을 벗기는 것은 강한 바람이 아니라 따뜻한 햇살이라는 얘기가 있다. 어떤 아이디어를 냈을 때 그것이 비록 허점투성이일지라도 끝까지 믿고 지지해 주어 그 아이디어를 실현하게 된 것은 100% 아내 덕분이다. 설탕 공예 기술자로서 나보다 더 훌륭한 커리어를 쌓아 온 아내는 한편으로는 협조자로서, 한편으로는 기술적인 면에서 경쟁자로서 나에게 더 노력하도록 채찍과 같은 역할을 해 주었다.

장사를 하며 믿을 만한 조력자를 만나는 것은 또 얼마나 중요한가? 그러나 세상을 살아가면서 훌륭한 조력자를 만난다는 것은 거의 불가능하다. 처음에는 맞는 것처럼 보여도 시간이 흐르다 보면 서로 안 좋은 관계로 변하기도 하는 것이 인간관계다. 장사를 하면서 나의 단점을 보완해 주고 나의 장점을 북돋아 주는 좋은 조력자를 만났으면 하는 바람을 누구나 갖고 있을 것이다.

내가 장사를 하는 동안 재료상, 세무사, 부동산 중개인 등 많은 분이 조력자로서 도움을 주셨다. 그렇게 도움을 받을 수 있었던 이유는 나에게 돌아올 이익보다도 상대의 이익을 먼저 챙겨 주려는 마음 덕분에 신뢰가 쌓였기 때문이 아니었나 생각한다. 예를 들어 우리 빵집에 재료를 납품하는 회사가 있다. 보통 갑을 관계라 하면 우리가 갑이지만, 그 회사의 재료를 배달해 주는 분에게 명절 때 작은 선물을 드리는 등 을의 입장에 있는 분들을 갑처럼 존중해 주려 한다. 상대를 주인공으로 빛나게 만들고 나는 조연으로서 기쁨을 느끼며 살아온 것이 훌륭한 조력자들을 만든 비결이라면 비결이다.

조력자 중에서도 가장 특별한 조력자는 나의 제자인 이경화 선생이다. 이경화 선생은 패션 업계에 근무하다가 마흔이 넘어 두 번째

직업으로 제빵사가 되었다. 처음에는 체력적으로 도저히 빵 만드는 일과는 어울리지 않을 것 같았다. 그러나 그 어려운 수련 과정을 무사히 견디고 지금은 당당하게 여섯시오븐에서 책임자로서, 곽지원 빵아카데미에서 선생으로서, 가정주부로서 몇 가지 일을 동시에 거뜬하게 소화해 낼 정도로 성장했다. 사단법인 대한제빵협회, 한국 빵 기술연구소(KIB), 잠실 롯데백화점에 있는 여섯시오븐이나 두물머리 장터 등 우리가 운영하는 중요한 사업에는 모두 이경화 선생의 손길이 간다. 이 선생은 8년이란 적지 않은 시간을 꾸준하고 성실하게 빵 만드는 일을 해 오면서 빵 만드는 일이 좋아서 다시 만학도로 4년제 대학에서 식품영양학을 공부하고 이제는 석사과정을 밟고 있다. 이론과 실기를 완벽하게 갖추기 위해 열심히 정진하고 있는 그녀는 예쁜 빵집을 경영하면서 대학에서 후학들을 지도하겠다는 꿈을 갖고 있다. 그녀의 선생이자 조력자로서 그 꿈을 응원한다.

망하지 않는 장사 비결 18. 딴짓하지 마라

장사는 안될 때보다 잘될 때 오히려 망하기 쉽다. 장사가 어느 정도 자리를 잡으면 딴짓을 하다 망하는 빵집이 많다. 가게는 직원들에게 맡기고 빵 공장으로 가는 발길을 끊고 골프장이나 다른 여가에 대부분의 시간을 보내다가 망한 곳을 많이 보았다. 빵집으로 유명했던 C 베이커리는 2세가 맡은 후 사업을 다각화한다고 패션 사업에 진출하는 등 핵심 사업이 아닌 곳에 손을 댔다가 큰 손실을 보고 결국 부도 위기에 몰렸다.

극단적이라고 할 수도 있지만 나는 장인은 자신의 본업보다 더 재미있는 일이 생기면 안 된다고 생각한다. 장사가 어느 정도 안정되면 좀 더 편하고, 더 많이 돈을 벌 방법을 찾아다닌다. 여러 사람이 좋은 기회가 있다면서 유혹하기도 한다. 예전에 빵을 배우고 싶다고 찾아오신 분이 계셨다. 어떤 일을 하고 계시느냐고 여쭤 보니 30년간 용접 일을 했다고 하셔서 돌려보냈다. 30년 동안 했던 일보다 더 확실한 일이 어디 있는가? 인생은 세상 어디에도 무지개가 없다는 것을 빨리 깨달으면 훨씬 살기가 편해진다.

사장이 직원들을 섬기지 않고 자신을 위해 돈을 함부로 쓰면서 정작 직원들이 회식하자고 했을 때 "불경기니까 경비를 줄여야 한다"는 식이면 직원들의 존경과 신뢰를 잃는다. 사장이 본업에서 3 정도 발을 빼면 직원은 5 이상 발을 뺀다는 사실을 잊지 말아야 한다. 직원들에게 항상 사장이 회사와 직원을 위해 최선을 다하고 있다고 느낄 수 있도록 해야 한다.

장사가 조금 잘 되어 딴 생각이 들 때면 지금까지 이뤄 놓은 것을 다시 돌아보고 다른 것을 해도 별 볼 일 없다는 것을 기억하고 마음을 다잡으라. 이 정도 하고 있는 것도 감사하다는 마음으로 겸손한 자세를 잃지 말라.

망하지 않는 장사 비결 19. 감사한 마음으로 스승을 섬기라

내가 지금까지 빵쟁이로 40년 가까이 살 수 있었던 가장 큰 이유는 존경하는 선생님들이 잘 이끌어 주셨기 때문이다. 빵 만드는 일은 미세한 차이를 온몸으로 느끼면서 해야 하는 기술이다 보니 책만으로는 배움에 한계가 있다. 그래서 빵을 직접 만들고 팔면서 평생을 살아오신 분들에게 직접 배우는 게 중요하다. 그러면 일 년 걸려 배울 기술을 한 달 만에 배울 수도 있다.

일본의 제과제빵학교 선생님뿐 아니라 일본과 프랑스, 한국에서 일했던 빵집의 사장님과 선배들에게서 나는 빵 만드는 기술뿐 아니라 빵 만드는 사람의 자세도 많이 배웠다. 기본적인 기술을 익히는 데 선생님들의 도움이 필요하지만 그 단계를 지나 나만의 제품을 만들고 나만의 장사를 하는 단계에 접어들면 책으로는 해결하기 어려운 문제와 고민이 생긴다. 그때마다 나는 여러 선생님의 도움을 받았다.

빵을 배우고 만든 지 30년이 넘은 지금 누구에게 더 배울 것이 있을까 생각할 수도 있겠지만 80이 넘은 나이에도 변함없이 빵을 만들고 계신 선생님들을 보는 것만으로도 내게는 큰 힘이 된다. 그래서 그분들께 안부 전화도 드리고, 용돈도 드리고, 강연 기회를 만들어 초청하기도 하고, 그분들의 책을 번역해서 소개하기도 한다.

이 나이가 되어서는 내 아들 선호처럼 나보다 경력은 짧고 젊지만 빵에 대해 열정이 가득한 빵쟁이들도 내 선생님이라 생각하고 많이 배우고 있다. 지금껏 배우고 쌓아 온 것이 많은 나 같은 사람은 그만큼 버려야 할 것도 많아서 세상의 변화를 따라가는 데 더 느릴 수밖에 없다. 뒤처지지 않기 위해서라도 내 제자들이 어떻게 빵을 만들고 빵집을 운영하는지 관찰하고 배우고 있다.

나는 국적이나 나이를 떠나서 내게 가르침을 주는 사람을 스승으로 생각하고 존경하고 섬기려 한다. 그런 생각 때문에 한국에서 스승과 제자의 관계에 대해 안타까운 마음이 들 때가 있다. 나는 학교와 내가 운영하는 아카데미를 통해 많은 제자를 배출하고, 대부분의 제자와 좋은 관계를 맺고 있는 편이다. 하지만 그중에는 제법 유명해진 후에 나에게 배웠다는 사실을 숨기고 부정하는 사람도 있다. 내 제자

중에는 없지만 어떤 사람은 자기를 가르친 선생님의 부족한 점을 들 춰내며 선생님을 깎아내리기도 한다.

누구에게 배웠다는 것보다는 자기 스스로 일가를 이뤘다는 것을 자랑스럽게 여기는 풍토가 영향을 주었을 것이라 생각한다. 이상적인 스승의 모습을 기대했다가 실망했을 수도 있을 것이다. 하지만 그런 풍토는 이제 변해야 하지 않을까? 적어도 기술로 장사하는 분야에서는 이제는 누군가에게 배웠다는 것을 자랑스럽게 말할 수 있는 시대가 되었다고 믿기 때문이다.

신상품이 각광받는 다른 산업과 달리 빵집처럼 기술을 중심으로 하는 장사는 축적된 시간만큼 가치가 올라간다. 김영모 과자점 같은 곳에서 'since 1982'라는 글귀를 가게와 상품 곳곳에 자랑스레 박아 두는 이유다. 일본의 어느 장어덮밥집은 한 그릇에 10만 원 가까운 가격을 받는데 그 이유는 그곳의 특제 소스가 무려 200년이 넘게 이어져 왔기 때문이다.

장인은 시간의 흐름 속에서 기술을 축적해 가는 사람이다. 선대가 축적해 온 기술을 전수받아 조금 더 발전시켜 다음 세대에 넘겨주는 연결자다. 스승이 존재하기 때문에 그분들의 어깨 위에 서서 더 멀리 내다볼 수 있는 내가 존재한다. 스승을 나의 일부로 받아들이면 스승이 축적한 시간은 나의 시간이 된다. 기술의 면면한 역사 속에 서 있는 자신을 깨닫는다면 나에게 기술을 전수해 준 스승을 감사하는 마음으로 섬길 수 있을 것이다.

망하지 않는 장사 비결 20. 같은 길을 가는 동료 공동체를 만들라

얼마 전 한 방송사와 함께 전국의 지역아동센터 어린이들에게 빵을 제공하기 위한 빵 축제를 양수리에서 진행했다. 이 행사에 전국 각지에서 빵집을 운영하는 제자 여러 명이 동참했다. 이제는 각자의 동네에서 자리를 잡은 어엿한 빵집 사장님들인 제자들이 좋은 뜻을 위해 한자리에 모인 모습을 보는 것만으로도 마음이 뿌듯했다.

장사는 자신과의 싸움이라고 얘기해 왔지만 그렇다고 혼자서 싸울 필요는 없다. 장사를 하면서 혼자 살아남기 위해 발버둥치는 각자도생의 삶을 사는 사람이 많은데 그렇게 혼자 하는 장사는 세상의 변화에 뒤처지기 쉬울뿐더러 어려운 일이 닥쳤을 때 쉽게 무너질 뿐 아니라 장사를 오래도록 지속하기도 어렵다. 나와 같은 일을 하는 사람과 친구가 되고 동료가 되어 서로 정보를 공유하고 의지하면 장사의 길이 훨씬 할 만해진다.

경쟁이 치열한 우리나라는 교육을 포함한 모든 사회 제도 자체가 정해진 파이를 상대가 많이 가져가면 내가 적게 갖게 되는 제로섬 게임을 전제로 돌아간다. 친구를 만들기 어렵고 나와 같은 일을 하는 사람을 모두 경쟁자 또는 적으로 보게 만든다. 장충동에 가면 원조 족발집만 열 개가 넘게 있고, 강릉에 가면 원조 순두부집 여러 개가 제살깎이식 경쟁을 하고 있다. 당연히 서로 사이가 좋을 리 없다. 그래서 나는 아카데미를 연 초창기부터 각 지역에서 한 명만 제자를 받았다. 더 나은 빵쟁이가 되기 위해 선의의 경쟁을 하되 적어도 내 제자끼리는 서로 도와주고 사이좋게 지냈으면 하는 바람에서다.

  같은 선생님한테 배운 사람이나 같은 일을 하는 사람 중에서 생각이 비슷한 사람들을 모아 스터디 그룹 같은 작은 공동체를 만들어 정기적으로 만남의 자리를 마련해 보면 좋다. 내가 새로 문을 연 빵집에서 천연효모를 키우는 데 성공했다는 것이 얼마나 대단하고 기쁜 일인지 내 친한 친구는 알 수 없지만 내 동료는 안다. 같은 일을 하는 사람 중에서 호감이 가고 배울 점이 많은 사람이 있다면 적극적으로 관계를 만들어 보자. 새로 빵집을 시작하는 사람에게 도움을 주자. 내 고객이나 노하우를 빼앗아 갈지 모른다고 경계하는 대신 '저 사람이 잘되게 어떻게 도와줄까'라고 생각하고 먼저 노하우를 나눠준다면 내가 장사하면서 힘들 때 의지하고 도움을 받을 수 있는 동료를 만들 수 있을 것이다.

6장

다음 세대로 이어지는
장인의 정신

"내가 가르치는 빵에는 나 나름의 독특한 맛이 지문처럼 남는다…
우리만의 지문이 묻은 빵을 만들기 때문에 나는 제자들 간에
경쟁하지 않고 서로 돕고 살았으면 한다"

다음 세대로 이어지는 장인의 정신

장사의 핵심은 사람을 키우는 것

나는 지금까지 쌓아 온 제과·제빵 지식을 밑거름으로 다음 세대를 키워야 한다는 책임감을 느낀다. 이 때문에 매일 가서 지도할 수는 없지만 석좌교수로 고려직업전문학교에서 호텔제과제빵과 학생들을 가르치고 있다. 누군가를 가르치고 지도하는 데에는 돈 버는 행위 그 이상의 무엇이 있다고 믿는다. 어느 해 신학기 첫 수업에 결석한 아이가 있었다. 그 학생은 다음 주에 왔는데 슬리퍼, 반바지 차림에 배낭을 맨 모습이었다. 호주에서 워킹비자로 일하다가 수업 때문에 그날 입국했다고 했다. 당연히 나는 그 학생에 대해 좋지 않은 인상을 갖게 됐다.

한 달 후 그 학생이 새벽에 우리 빵집에 빵을 배우고 싶다고 찾아왔다. 수원에 사는데 전날 밤에 막차를 타고 와서 동네 편의점에서 밤새 시간을 보내다가 내가 새벽 4시에 일을 시작한다는 얘기를 수업 중에 듣고 찾아왔다고 했다. 첫 인상이 안 좋았던 학생이어서 선뜻 맘에 내키지는 않았지만 한편으로는 그 정성이 기특하기도 해서 기왕 왔으니 옆에서 빵 만드는 일을 돕도록 했다. 그다음 날, 학생이 또 새벽에 왔다. 이번에는 수원에서 자전거를 타고 밤새도록 왔다고 했다. "정말 빵이 하고 싶냐?"라고 물었더니 꼭 하고 싶다고 해서 우리 빵집에서 일 년간 새벽에 4시에 나와 같이 빵을 만들고 아침 8시에 학교에 가서 수업을 받았다. 그 학생은 그때 배운 우리 집 빵 기술을 살려 졸업 후에 나폴레옹 제과점에 가서 3년간 일한 후 고려직업전문학교 A, B, C 세 반의 과 대표였던 여찬기, 김민섭, 정누리 학생 세 명이 힘을 합쳐 군산에 '오존 베이커리'라는 건강빵집을 열었다. 모두 부모님의 도움 없이 그동안 일하며 모은 돈으로 차린 빵집이라 부족한 것이 많아서 내가 사용했던 오븐과 도우콘디셔너를 개업 선물로 보냈다. 지금은 제법 이름이 알려져서 군산에서 알아주는 유명한 빵집이 되었다.

일부러 학생들을 직원으로 뽑으려 했던 것은 아니다. 빵을 배우려는 절실함이 있어서 채용한 것이다. 사장과 직원의 관계였지만 사제지간이기도 했기 때문에 가능하면 일하는 동안 제대로 훈련하여 빵 장인으로 키우고 싶었다. 본인들이 원하면 언제라도 그만둘 수 있게 자유롭게 일하도록 하고, 여름방학과 겨울방학 때는 일본에 있는 친구 빵집으로 연수를 보냈다.

장인을 키우는 실전 기회를 만들다

어느 날 양수리 빵공방으로 여자 손님 두 분이 찾아오셨다. 'L' 백화점에 근무하면서 새로운 프로젝트를 진행하는 크래프트팀에서 근무하는 분들이었다. 이분들은 업계에 숨어 있는 건강빵을 만드는 사람을 발굴해 건강빵을 팔고 싶다고 하면서 이는 백화점에서 장래를 바라보고 만든 야심찬 프로젝트의 하나라고 강조했다.

당연히 첫마디는 거절이었다. 백화점의 생리가 어떤지 너무나 잘 알고 있었고 우리 빵은 달고 입에 맛있는 여느 빵과 달리 백화점에서 판매하기에는 쉽게 집어 들기가 어려운 빵이었기 때문이었다. 우리 빵은 마니아들을 위한 빵이었기에 물량으로 판매해야 하는 백화점에 적합하지 않은 제품군이었다. 그리고 더는 빵집을 벌리고 싶지 않다는 것이 솔직한 심정이기도 했다. 몇 번의 미팅을 통해서 백화점의 진정한 의도를 알게 되어 마음이 움직였다. 결정적으로 마음을 굳힌 것은 사장님을 만나고 난 뒤였다. 백화점에 얼마나 많은 빵집이 입점해 있는지, 또 백화점 입점 경쟁이 얼마나 심한지를 아는 사람은 아는 사실이다. 그런 백화점 사장님이 직접 일개 빵집 주인을 만나서 입점을 권유한다는 것이 예사로운 일이 아니라는 것을 알았기에 나는 백화점에 입점해서 정말 좋은 빵집을 만들고 싶다는 생각을 굳혔다.

또 한 가지 입점을 결심하게 된 이유는 우리 아카데미 졸업생들 때문이었다. 우리 아카데미 졸업생들은 아카데미를 졸업하고 전국에 빵집을 많이 열고 있다. 아카데미를 시작하면서 처음에는 미처 생각하지 못했던 아쉬운 점은 제자들이 현장 실습을 하면 실제 자기 빵집을 열고 운영하는 데 많은 도움이 될 거라는 점이었다. 하지만 졸업생의 평균 연령대가 40~50대이다 보니 빵집에 연수를 부탁하기도 어려웠다. 만일 제자들이 우리 빵집에서 실습을 한다면 그보다 더 좋을 수가 없다고 생각해서 백화점에 입점하기로 결정했다. 백화점에서 일할 인원을 한 번도 빵집에서 일해 본 적이 없는 아카데미 출신의 제자들로 구성하다 보니 생산이 제대로 이뤄질까 하는 불안감도 있었다. 하지만 일단 밀고 나가보기로 했다.

그렇게 잠실 롯데백화점에서 '여섯시오븐^{oven}'이라는 빵집을 차리게 되면서 혼자 하는 빵집을 운영하던 나는 빵아카데미 제자 중에서 12명을 채용해 옛날 곽지원 과자공방처럼 많은 사람을 데리고 운영하는 빵집을 다시 하게 되었다. 직원들을 채용하지 않고 혼자 하는 빵집을 운영하기 위해 양수리로 들어왔지만 결국에는 다시 되돌아갔다. 하지만 이번에는 예전 올림픽선수촌에서 빵집을 운영하던 때와는 사정이 많이 달라졌다. 국내 최고의 매장에서 최고의 빵집을 만들어 건강빵을 더 많은 사람에게 전하겠다는 새로운 도전, 우리 아카데미에서 6개월 동안 배운 제자들의 실전 훈련, 양수리 곽지원 빵공방의 혼자 하는 빵집의 시스템을 혼용해서 만든 통합 시스템으로 모두가 상생하는 빵집을 만드는 일이 가슴을 뛰게 했다.

이경화 선생을 중심으로 제자들로 이루어진 '여섯시오븐' 팀은 판매할 제품군을 결정하고 얼마 남지 않은 오픈 날까지 꾸준히 연습하여 오픈 날에는 제법 안정된 제품을 생산할 수 있었다. '여섯시오븐'이란 여섯 시에 엄마가 가족들을 위해 아침밥을 준비하는 마음으로 오븐을 켜고 빵을 굽는다는 의미다. 처음에는 손님들이 예상대로 우리의 천연 효모빵을 낯설어하고 빵집 위치도 약간 외진 곳에 있어서 기대치에 미치지 못했다. 하지만 한번 맛을 보신 분들은 금방 마니아가 되면서 매상이 바로 상승하기 시작했다.

여섯시오븐에서는 직원들에게 3개월을 주기로 각자가 맡은 파트를 돌려가면서 근무하도록 했다. 일하는 직원 전부가 내 제자이다 보니 곽지원 빵아카데미의 연장으로 팀 운영을 설계했다. 전체적인 제빵 기술을 연마시키기 위해서 크게 기술 분야를 성형, 반죽, 오븐이란 세 개의 범주로 나누고 3개월이 지나면 순차적으로 보직을 변경하였다.

직원이 조금 기술이 익숙해질 만하면 보직을 바꾸다 보니 빵집을 운영하는 입장에서는 안정적인 제품 생산이 어려울 수도 있다. 하지만 바꿔서 생각하면 전 직원이 전체 공정을 경험한 덕분에 시스템에 어떤 문제가 생겨도 즉각 대응할 수 있고 제품을 안정적으로 생산할 수 있어서 공장 운영이 한결 원활해지는 장점이 있다. 경영자가 제품이 안정적으로 생산될 때까지 얼마나 참아줄 수 있으며 직원들이 얼마나 안정적으로 그만두지 않고 장기간 근무하느냐에 이 아이디어의 성공 여부가 달려 있었다. 다행히 직원들이 모두 잘 따라와 주어 이제는 공장이 원활하게 운영되고 있다.

두 번째로는 판매와 생산을 공장에서 일하는 직원들에게 하게 했다. 장사는 사람이 하는 일이다. 그래서 장사를 잘하려면 사람을 잘 키워야 한다. 그런 훌륭한 장인을 키우기 위해 판매와 생산을 골고루 잘 수 있게 교육하는 것이야말로 장사꾼의 의무라 생각한다. 학교에서 배우는 이론이 아닌 실전에서 몸을 부딪혀 가면서 배우는 장사야말로 최고의 기술이라고 생각한다.

공장 직원들은 빵만 만들고 판매 사원은 판매만 하는 것이 일반적인 형태인데 우리 여섯시오븐에서는 이 두 가지 일을 동시에 할 수 있게 조직을 짰다. 빵 기술자가 빵집을 할 때 가장 취약한 부분은 판매이다. 늘 빵만 만들어 봤지 판매를 해 본 적이 많지 않아 판매에 서툰 것이다. 그런 단점을 없애기 위해 판매와 생산을 같이 할 수 있게 시스템을 구성했다.

입사하고 싶어 하는 졸업생들은 밀려 있고 입사해서 일하고 있는 제자들은 퇴사할 생각이 없다 보니 이래서는 안 되겠다 싶었다. 그래서 여섯시오븐에 아카데미처럼 졸업 제도를 두고 입사해서 1년이 되면 여섯시오븐을 졸업하도록 시스템을 만들었다. 우리 잠실점을 시작으로 본점과 노원점에 다른 여섯시오븐이 계속해서 창업했고 크래프트팀이 처음 계획했던 대로 모두가 좋은 여섯시오븐을 만들기 위해 노력하고 있다.

한편 양수리에 있는 곽지원 빵공방은 맡아서 하던 아들이 결혼하고 구미로 내려가면서 다시 내가 돌아가 빵을 만들어야 하는 상황으로 변했다. 나 또한 그동안 빵아카데미에서 제자들을 지도하고 있었기 때문에 이러지도 저러지도 못하는 어려운 상황에 봉착해 있었다. 그래서 고안해 낸 아이디어가 3개월마다 보직이 이동하는 여섯시오븐의 시스템에 곽지원 빵공방을 끼워 넣고 자연스럽게 돌리자는 방안이었다. 나는 아이디어를 바로 실행에 옮겼다. 여섯시오븐에서 제품을 완벽하게 익혔으니 한 사람씩 3개월간 양수리의 빵공방에 와서 근무를 하면 새로 직원을 채용할 필요도 없고, 직원들은 혼자 빵을 만들고 판매해 봄으로써 나중에 이곳을 나가 본인들의 빵집을 차릴 때 많은 도움을 얻을 수 있을 것으로 생각되었다. 이 아이디어도 완벽하게 성공해서 여섯시오븐과 곽지원 빵공방의 원활한 협업을 통해 일관된 맛과 서비스를 유지하게 되었다.

대를 잇는 장인의 장사

어느 날 갓 서른을 넘긴 아들 선호에게서 전화가 왔다. 아들은 어렸을 때부터 내가 살아온 길을 바로 옆에서 지켜보았다. 그래서 빵장사라는 것이 얼마나 힘들게 사는 직업인지를 너무나 잘 알고 있었다. 아들은 자기는 절대 아버지처럼 살 자신도 없고 살고 싶지도 않다고 하면서 대학에서는 컴퓨터를 전공했다. 졸업 후에는 자동차 오디오 컴퓨터 회사에 입사해서 프로그래머로 일하고 있었다. 부천 디지털 공단 부근 오피스텔에서 살면서 출퇴근하고 있었다.

그런데 대뜸 전화로 자기 인생에 대해 진지하게 상의드릴 일이 있다는 것이다. 아내한테 혹시 아들이 제빵을 배우겠다는 얘기를 하려고 오는 것 아니냐고 물어보았더니 아내는 절대 아닐 거라고 했다. 혹시 사귀는 아가씨가 생겨서 결혼 얘기 하러 오는 것 아니냐고 오히려 나에게 반문했다. 둘이서 궁금해하며 일주일을 보낸 일요일에 아들이 집에 왔다. 그러고는 혹시 자기가 빵을 배우면 어떻겠느냐고 물어보는 것이었다. 사실은 무엇을 상의하러 올까 궁금하게 생각하면서도 혹시 만에 하나 아들이 빵을 배우겠다고 한다면 어떻게 대답해야 좋을지 나도 나름대로 대비하고 있었기에 세 식구가 앉은 자리에서 진지하게 이야기를 했다.

"지금까지 내가 만든 길을 열심히 걸어오면서 쌓아 온 여러 가지 것을 언젠가는 누군가에게 물려주어야 할 텐데, 그것이 아들이었으면 더할 나위 없이 좋다고 생각한다."

"하지만 이 세상에는 만고불변의 진리가 몇 가지가 있는데 그중의 하나가 부모가 자식 가르치는 것은 어렵다는 것이다. 따라서 너는 나가서 빵을 배우도록 해라."

아들이 회사를 퇴직하고 오자마자 아들에게 우선 3개월간 히로시마에 있는 아주 친한 일본 제과인이 하고 있는 양과자 집에 연수를 보냈다. 새벽 3시 반부터 오후 7시까지 아들의 생애 첫 제과점 연수가 시작된 것이다. 아들은 일본어도 서툴고 일도 엄청나게 힘든 곳에서 매일매일을 초죽음 상태로 보내며 이 업계에 들어온 신고식을 호되게 치렀다.

 아들은 몰랐지만 과자점 대표에게 아들을 일본으로 보낼 테니 받아달라고 부탁하면서 미리 아주 호되게 다뤄 달라는 말도 잊지 않았다. 간혹 나는 수업 중에 학생들에게 아르바이트에 대해서 얘기해 줄 때가 있다. "처음으로 하는 아르바이트를 일도 편하고 주인도 엄청 잘 대해 주는 곳에서 시작하면 다음에 하는 아르바이트는 전부 지옥이다. 반대로 처음 하는 아르바이트 자리가 엄청 힘든 곳이면 다음 아르바이트부터는 전부 천국이다." 너무 극단적인 예 같지만 이것은 나 스스로 많은 경험을 통해서 얻은 인생 경험의 결과치였다. 그것을 알기에 처음 이 세계에 입문한 아들에게 입문식을 호되게 치르게 하고 싶었다. 인생에서 처음 겪는 호된 일로 아들은 죽네 사네 하며 고생을 하다가 우여곡절 끝에 일본에서 연수를 마치고 돌아왔다.

 귀국 후 아들이 일을 시작한다면 내가 프랑스에서 귀국해 기술자로서 첫걸음을 내딛은 나폴레옹 제과점에서 기술자의 길을 시작했으면 하는 바람이 있었다. 나이가 있어서 입사가 가능할지 조금 불안해했지만 면접을 보고 10월 1일부터 일을 하게 되었다는 말을 전하며 아들도 무척 기뻐했다. 내 아들인 것을 숨기고 일을 했으면 했는데 공장 책임자가 아들의 얼굴을 알고 있어서 결국에는 모두 알게 되었다. 그것이 아들에게는 스트레스가 되었지만 결과적으로 조금 더 분발해서 열심히 일하는 계기가 되었던 것 같다. 입사 후 얼마 되지 않아 제과점에서 가장 바쁜 크리스마스가 닥쳐서 엄청 힘들게 일하는 모습을 보고 힘들지 않느냐고 물어보았더니 일본에서 일하는 것과 비교하면 노는 것 같다고 얘기했다. 작전이 성공한 것이다. 만약 일본에서 편하게 일하고 돌아왔다면 아마 힘들다고 엄청 불만이 많았을 것이다.

아들은 나폴레옹 제과점에서 일한 지 정확히 일 년이 되는 이듬해 9월 30일에 사표를 내고 퇴사했다. 하루만 더하면 퇴직금을 받을 수 있다고 징징거렸지만 그것은 예의가 아니라고 생각해서 퇴사를 시키고 이번에는 동경에 있는 천연효모종의 명가인 르방이란 빵집으로 연수를 보냈다. 이곳은 분위기가 자유로워서 처음 갔던 히로시마 연수보다는 편안한 모양이었다. 나폴레옹 제과점에서 일 년 동안 일한 경험도 있어서 일이 낯설지 않고 제법 친구들도 사귀고 즐겁게 연수를 하는 것 같았다.

일본 연수를 마치고 귀국한 아들은 곧장 서교동에 있는 L제과점에 입사해서 연수를 했다. L제과점 대표님은 아들이 몇 년 더 L제과점에서 일을 배우기를 바라셨지만, 어차피 우리 빵공방에 오면 전혀 새로운 천연효모종 빵을 만들어야 해서 기술보다는 폭 넓은 공장 경험을 원했다고 말씀드리고 6개월 정도로 연수를 마쳤다.

L제과점에서 연수를 마치고 다시 동경으로 보내 르방에서 두 번째 빵 연수를 시켰다. 이 정도 경험이면 충분하지는 못해도 우리 빵공방에서 일을 해도 되겠다고 판단해 아들에게 귀국하자마자 바로 우리 빵공방으로 들어와서 본격적으로 천연 효모빵을 배우고 만들도록 하였다. 아들이 빵을 배우겠다고 얘기한 지 3년 만의 일이다.

아버지에서 스승으로, 스승에서 동료로

아들이 우리 빵집에 들어와 빵을 만든 지도 어느덧 3년이란 세월이 흘렀다. 새벽 5시부터 빵을 만들기 시작해 저녁 8시까지 혼자 생산과 판매를 다 했으니 엄청 힘들게 일한 셈이다. 그렇게 일하고도 나에게서 좋은 얘기보다는 혼나는 일이 많았으니 불평불만이 많았으리라 생각한다. 늦잠을 자는 녀석을 두 번이나 혼내고 빵쟁이 자격이 없다고 쫓아내기도 했다. 강하게 일을 시킨 것은 나중에 독립해서 빵집을 했을 때 혼자서 어려운 빵집 일을 이겨 나가게 하기 위한 예방주사 같은 조치였다. 그렇게 힘들게 일을 가르치면서도 마음속으로는 늘 안쓰럽고 미안했다. 결혼할 나이가 되다 보니 부모로서 이런저런 고민이 없을 수가 없었고 그게 가장 큰 걱정이었다. 하지만 빵집에서 온종일 일을 하다 보니 변변하게 밖에 나가서 친구들과 어울릴 시간이 없었다.

3년째 되는 12월 31일, 안쓰러운 마음에 아들을 프랑스 파리로 10일간의 휴가 겸 빵집 투어를 보냈는데 아들은 그날 밤에 에펠탑 앞의 수많은 인파 속에서 지금의 며느리와 운명적으로 만났다. 아마도 두 사람은 나이도 동갑인데다, 아들은 아버지 밑에서 빵 만든다고 엄청 고생하고 있고, 며느리는 어머니가 만드신 역사가 40년 된 유치원에서 부원장으로 어머니 밑에서 고생을 하고 있다 보니 서로 통하는 것이 많아서 마음이 맞았던 것 같았다.

두 사람은 한국에 돌아와서도 만남을 이어가다가 7개월 만에 결혼하였다. 아들은 처갓집 동네인 구미로 내려가서 곽선호 빵공방이란 이름으로 빵집을 열었다. 둘이 만나기 시작해서 3개월쯤 지났을 때 처음 며느리를 만난 날 아들을 구미로 내려보내며 빵가게를 내 준다고 약속했다. 두 사람이 신혼여행을 간 사이 많은 사람을 통해서 구미에서 빵집 하기에 적당한 장소를 물색해 놓았다. 보증금 500만 원에 월세 35만 원! 이곳 양수리 빵집처럼 골목길에 있지만 객관적 평가로는 좋아 보였다.

신혼여행에서 돌아온 아들에게 혼자 빵가게 할 곳을 찾아보라고 얘기하고 한동안 아들에게 맡겨 놓았었다. 직접 본인이 부동산을 돌아다니면서 가게를 알아보게 한 것이다. 그래야 빵가게 할 자리를 보는 안목도 생기고 구미의 현 상황도 알게 돼 빵집을 할 때 많은 도움이 될 것이라고 생각했다. 한동안 가게를 알아봐도 마음에 드는 곳을 못 찾고 있는 아들에게 내가 알아본 부동산 전화번호를 알려주고 찾아가 보라고 했다. 아들은 가게도 맘에 들고 조건도 맘에 들었는지 무척 기뻐했다. 본인은 그렇게 많이 돌아다니며 알아보았어도 못 찾았는데 아빠는 어떻게 이렇게 쉽게 한방에 찾았는지 궁금해했다.

사실 나는 아들이 신혼여행을 가 있는 동안 전화통을 붙들고 살다시피 했다. 계약하는 날 아들에게 월세가 35만 원이니 5만 원만 깎아 달라고 얘기하라고 시켰다. 깎아 주면 일 년이면 60만 원이니 두 달치 월세를 버는 셈이고, 안 해 줘도 35만 원은 그다지 부담스러운 월세가 아니니 밑져야 본전이라고 설명하고 보냈다. 계약을 마친 아들에게서 전화가 왔다. 5만 원 깎았다고 자랑스럽게 얘기하는 아들의 활기찬 목소리가 들려왔다.

우리 제자들한테도 늘 이런 얘기를 한다. '보증금이 몇 천이고 인테리어 비용이 몇 천이고, 기곗값이 몇 천이다'라고 얘기할 때는 돈 몇백만 원 정도는 쉽게 보이는데 실제 장사해서 100만 원 벌기가 얼마나 어려운 줄 아느냐고. 그래서 일단 거래를 할 때는 많이 깎으라고 교육한다. 아들은 인테리어 공사도 업자들에게 맡기지 않고 목수, 전기, 설비 등을 따로 불러서 했다. 자잿값 얼마에 인건비 얼마 하는 식으로 공사를 하니 많은 돈이 절약됐다. 그렇게 해야 혹시 나중에 다른 가게를 할 때도 도움이 될 것이라고 생각한다.

많은 사람이 아들을 왜 옆에 두지 않고 처갓집 동네로 내려보내 장사를 하게 하는지 궁금해한다. 사자가 새끼를 강인하게 키우기 위해 절벽에서 떨어뜨리는 심정으로 나는 아들이 홀로 설 수 있게 자리를 마련해 준 것이다. 많은 빵집 2세들이 부모가 어렵게 키워 놓은 빵집을 어떻게 박살내는지를 하도 많이 봐 와서 내 아들만큼은 강인하게 빵 기술자로서 성장해 줬으면 하는 바람 때문에 독립을 시켰다. 그동안 강하게 교육한 덕분인지는 모르겠지만 아들의 빵집은 구미에서 최고의 빵집으로 자리를 잡았다.

얼마 전에 S 방송국과 어린이들을 위한 '달달한 빵'이라는 프로젝트를 한 적이 있다. 전국 각 지역에서 빵집을 하는 제자들과 함께 두물머리에서 빵을 판매하고, 판매한 성금으로 각 지역 아동센터의 어린이들에게 빵을 선물하는 프로그램이었다. 아들도 당연하게 이 행사에 참여해서 두물머리에서 빵을 판매했는데 제자들이 아들이 판매하는 빵을 먹고 와서는 내가 가르쳐 준 빵은 아닌 것 같은데 무척 맛있는 빵이 있었다고 칭찬하는 것이었다. 그래서 행사가 끝나고 아들에게 새로 개발한 빵이 있느냐고 넌지시 물어보았다. 아들은 신제품을 개발했는데 맛도 좋고 가게에서 무척 잘 팔린다고 하면서 엄청 자랑스러운 표정을 내비쳤다. 그런 모습을 보면서 씨 뿌리고 물은 내가 줬을지 모르지만 아들이 가지 치고 꽃 피우는 모습을 보면서 뿌듯한 느낌이 들었다.

많은 제자가 빵집을 내고 열심히 빵을 만들고 있지만 아들이 빵집을 내고 하루하루 열심히 일하면서 성장하는 모습이 유독 각별하게 느껴지는 것은 역시 아들이기 때문이리라. 일전에 해오름극장에서 내가 평소 좋아하고 존경하는 선배 작가의 토크쇼가 있어서 바쁜 중에 일부러 시간을 내 참석한 적이 있었다. 토크쇼 말미에 자식들에 관해서 물어보는 코너가 있었는데 참석자 중 한 명이 작가의 자녀는 무엇을 하느냐고 물었다. 작가는 자기에게는 아들이 있는데 지금 직장 생활을 하고 있다고 하였다. 이를 들은 패널 중 한 명이 왜 글 쓰는 일을 시키지 않았느냐고 물었더니 작가는 "이 힘든 일을 왜 시키느냐"고 대답했다. 작가의 이 말에 나는 무언가 확 깨는 느낌을 받았다. 그 얼마 전에도 운전 중에 들었던 라디오 인터뷰에서 대한민국을 대표하는 명창도 아들 셋을 힘든 창을 시키지 않았다고 자랑스럽게 얘기해서 실망한 적이 있는데 또 그런 얘기를 들으니 본인들이 평생에 걸쳐 해 온 일을 부정한다는 느낌이 들어서 실망이 컸다. 세상에 힘들지 않은 일이 어디 있단 말인가.

같은 빵쟁이로서 자주 아들과 통화를 한다. 얼마 전에는 KBS에서 출연해 달라고 전화가 왔다고 하면서 아빠를 알고 연락 온 것이 아니라 자신을 알고 연락이 왔다고 하였다. 그러면서 곽지원 아들이라는 것을 알게 되었다며 자랑스럽게 얘기했다. "알았어, 임마. 뭘 그리 강조해." 아빠의 지명도를 통해 기회를 얻었다고 생각하는 사람이 많기 때문에 아들에게는 아빠의 이름이 스트레스다. 아들은 아빠인 나의 그늘을 벗어나려고 많이 노력한다. 그런 아들이 고맙기도 하고 미안하기도 하다. 어떤 분야에서든 유명한 부모와 같은 업을 하는 2세들이 공통으로 겪는 고민일 것이다. 그렇기에 빵쟁이 '곽선호'의 아빠로 알려지는 일이 점점 많아지는 요즘이 나는 너무 기쁘다.

곽지원 빵아카데미 공동체

빵아카데미는 뚜렷한 미래에 대한 비전도 없이 막연하게 시작했다. 학생들이 이 멀리 양수리까지 올지 안 올지도 모르는 상태에서 시작하는 터라 과연 언제까지 가능하겠느냐는 우려가 컸다.

그렇게 출발한 아카데미가 벌써 18기가 들어와 공부할 정도로 시간이 흘렀고, 전국적으로 100여 명의 제자가 빵집을 열고 장사를 하고 있다.

건강한 빵을 목표로 많은 제자가 빵집을 하다 보니 빵아카데미는 공동체 비슷한 모임으로 자리를 잡아 가고 있다. 물론 사단법인 대한제빵협회가 그 중심을 이루고 있지만 나는 제자들의 모임이 자발적이고 자연적인 모임이었으면 한다. 얼마 전에는 전국에서 빵집을 하고 있는 제자들의 빵집과 S 방송국이 협력해서 '달달한 빵' 프로젝트를 했다. 코로나로 인해 어린이들이 위축해 있는 상황에서 어린이들에게 꿈과 희망을 주기 위해 빵을 통해 기금을 마련하고자 했다. 한 달 동안 많은 기금을 마련해서 지역 아동센터에 기탁했다. 지금은 코로나19로 인해 모든 사회 활동이 제약을 받고 있어서 활발하게 활동하지 못하고 있지만 언젠가 이 모든 상황이 잠잠해지면 제자들과 더불어 적극적으로 빵을 매개로 사회에 봉사하는 길을 모색해 보려 한다.

제자들의 길을 함께 걷다

우리 빵아카데미는 창업을 꿈꾸는 사람들만 가르치는 곳이다. 절박한 마음으로 꼭 빵으로 성공하고 싶어 하는 사람들만 와서 빵을 배우다 보니 학생을 같은 지역에서 한 명만 뽑는다. 그래서 들어오는 사람보다도 거절당하는 사람이 더 많다. 제자들이 6개월 동안 힘들게 빵 공부를 마치고 장사할 시점이 되면 처음 하는 장사다 보니 많은 고민을 한다. 우선 자금에 관한 여유도 제각각 다르고, 살고 있는 동네에서의 장사 여건도 다 다르다 보니 한마디로 잘라서 '이것은 이렇다'라고 말할 수 없는 변수가 많다.

소매점이나 먹는 장사, 즉 음식점이나 제과점 등을 '입지 산업'이라고 불렀던 적이 있었다. 확실히 장사하려면 목이 좋은 곳에 자리를 잡아야 50%는 먹고 들어갔다. 목이 전혀 관계가 없다는 건 아니다. 하지만 SNS의 놀라운 전파력과 방송 매체 덕분에 이제는 목보다도 얼마나 홍보에 능하고 사람들을 끌어당길 만한 요인이 있느냐로 장사의 판도가 달라지는 시대가 되었다. 물론 여기에 주차장은 필수불가결한 조건이다. 따라서 앞으로 장사의 성공 여부는 이러한 점을 포함해 제대로 입지 조건을 읽었느냐 읽지 못했느냐로 갈리게 된다.

한때 가게 앞을 손님들로 줄 세우기가 유행한 적이 있었다. 즉 매장에 사람이 한두 명 들어서면 더는 들어갈 자리가 없어 자연스럽게 줄을 설 수밖에 없게 하였다. 줄을 서서 기다릴 정도로 장사가 잘된다는 것을 보여주려는 전략으로, 착시효과를 노린 것이다. 하지만 날씨가 춥거나 더우면 줄을 서서 기다리기가 어렵기 때문에 몇몇 가게를 제외하고는 요즘은 많이 볼 수 없게 되었다.

여기에서 우리가 한 가지 알아야 할 점은 가게를 그다지 크게 얻지 않아도 가게 운영에는 전혀 문제가 없다는 점이다. 혼자 하는 빵집을 하는 데는 10평에서 15평 정도면 충분하다. 평수가 적으면 그만큼 보증금이나 임대료를 저렴하게 해결할 수 있다. 장사의 목은 크게 다음과 같이 구분할 수 있다.

이렇게 입지마다 특성이 다르다 보니 제자들이 빵집을 낼 때는 입지 선정부터 모든 분야에 직접 관여해서 빵집 내는 것을 도와주고 있다. 빵집을 내면 무슨 요일을 휴일로 해야 하며 몇 번을 쉬어야 하는지도 은근히 큰 문제다. 참고로 내가 하는 곽지원 빵공방은 연중무휴다. 나폴레옹 제과점에서 근무할 때 회장님의 장사철학이 너무 맘에 들어서 나도 따라하고 있다.

많은 사람이 빵집을 하면서 빵집 주인인 자기가 갑이고 손님이 을이라고 생각하는 경우를 많이 본다. 즉, 쉬고 싶을 때 쉬고 열고 싶을 때 연다. 그러나 나폴레옹 제과점 회장님의 철학은 손님을 갑의 위치에 놓고 볼 때는 이런 생각이 어불성설이라는 것이다. 즉 손님은 그 가게의 휴일이 언제인 것까지 외우기 싫어한다는 것이었다. 손님이 언제 오더라도 허탕 치지 않고 빵을 사 가게 하는 것도 손님에 대한 서비스라는 것이었다. 그래서 나도 하루도 안 쉬고 빵집 열고 있다. 물론 하루도 안 쉼으로써 한 달 버는 돈이 많아지는 거야 당연하지만 말이다.

내가 가르치는 빵에는 나 나름의 독특한 맛이 지문처럼 남는다. 천연효모종 덕분에 약간의 산미와 구수하고 특별한 맛이 난다. 당연히 제자들이 만드는 빵에도 그런 지문이 남는다. 제자 중 강원도 영

입점 위치에 따른 특징

근린 상가형	전통적인 상점가로 주로 일용품점 등이 많이 밀집해 있는 지역이다. 이런 곳은 주로 단과자빵이나 식빵 등이 잘 팔린다.
지방 소도시 신흥 상점가	젊은 층이 많고 유럽빵, 식빵, 조리빵 등이 잘 팔린다.
대도시 신흥 상점가	시내 중심가에서 임대료나 교통의 편리성 등 여러 가지 이유로 외부로 번져 나온 상점가로, 낮에는 손님이 많지만 밤에는 손님이 적어지는 경우가 있고 주로 조리빵, 단과자빵, 샌드위치류 등이 잘 팔린다.
레저 위주 상점가	커다란 공원이나 체육관등을 낀 상점가로 대도시 신흥 상점가와 비슷하지만 휴일과 평일의 매상이 격차가 있다.
오피스가	낮과 밤, 휴일과 평일의 차가 심하고 주로 조리빵이나 샌드위치류가 많이 팔린다.
대학가 상가	낮과 밤의 차이가 그다지 크지 않고 조리빵, 샌드위치류나, 볼륨이 큰 빵 등이 잘 팔린다. 학기 중에는 그래도 괜찮은데 여름, 겨울 방학 동안의 차가 크다.
주택가 상가	요즘은 성수동의 주택가나 개봉동의 공장 밀집 지역에서 도시 재개발 사업의 일환으로 주택을 개조해서 문을 연 빵집이 잘되고 있다. 젊은 사람들이 주요 고객층이고 하드계통 빵이나 페스트리류가 커피와 함께 잘 팔린다.
교외형	자동차 문화의 발달로 경치가 좋은 산이나 강을 낀 대형 베이커리 카페가 크게 유행 중이다. 주로 달달하고 자극적인 빵과 함께 빵에 어울리는 커피가 판매된다. 생산이 어렵다 보니 냉동생지를 이용한 빵이 잘 팔리고 평일과 휴일과의 차가 크다.

월에 있는 세경대학교 교수인 제자가 학생들을 데리고 빵 축제에 천연효모종 빵을 만들어 참가했다. 어떤 사람이 제자의 빵을 먹어 보고는 비슷한 빵을 먹어 봤다고 했다는 것이다. 그래서 어디에서 먹어 봤냐고 물어보았더니 양수리에 가면 이런 맛의 빵을 판매하는 빵집이 있다고 했다는 것이었다. 알고 보니 그분이 전에 우리 빵을 드신 적이 있었다. 제자가 자기도 그곳에서 빵을 배웠다고 하면서 서로 웃었다는 얘기를 듣고 기분이 좋았다. 내가 꿈꾸는 건강하고 집밥 같은 빵이 제자들을 통해 많은 사람에게 전달되고 있다는 증거이기 때문이다.

우리만의 지문이 묻은 빵을 만들기 때문에 나는 제자들이 경쟁하지 않고 서로 돕고 살았으면 한다. 그래서 나는 제자들이 빵집을 내는 지역이 겹치지 않도록 교통정리를 한다. 빵아카데미에 학생을 받기 전에 어느 지역에 빵집을 낼지 미리 확인한다. 제자들은 보통 아카데미에서 6개월 배우고 바로 독립해서 빵집을 연다. 최고 수혜자는 졸업 전에 빵집을 여는 사람이다. 그런 제자들은 아카데미에서 오늘 배운 것을 내일 자기 빵집에서 만들어 판다.

혼자 하는 빵집을 열면 이런저런 비용을 다 제하고 하루에 최소 20만~30만 원, 한 달에 500만 원은 벌 수 있다. 일 년이 지나면 단골이 생기고 점점 더 늘어난다. 자리를 잡으면 하루에 80만 원까지 벌 수 있다. 언젠가 의사 150명에게 강의를 한 적이 있다. 의사를 그만두고 빵집을 하고 싶은 사람 손들어 보라고 했더니 대부분의 의사가 손을 들었다. 나는 웃으며 "남의 떡이 커 보인다"고 얘기해 주었다. 강의가 끝나자 의사분들이 와서 그것이 진심이라고 했다. 의사는 온종일 웃는 사람을 구경하지 못한다고, 낮에 한 번도 자리를 비우지 못한다고, 빵은 하나 잘못 나오면 버릴 수 있지만 환자는 한 명이라도 허투루 대하지 못한다고 했다. 의사들의 하소연을 들으며 새삼 '빵쟁이도 괜찮구나'라고 생각했다.

누구나 빵쟁이를 할 수 있는 건 아니다. 시작은 누구나 할 수 있다. 하지만 오래 하는 사람들은 성격이 차분하고 적극적이다. 또 생활적으로 절박할 때 악착같이 한다. 자기 자신과의 싸움에서 지지 않는 것이 중요하다. 매사가 그렇지 않은가? 그래서 아카데미에서 빵을 배우는 6개월 동안 이 단순한 진리를 마음에 새기도록 강조하고 또 강조한다. "한 번 더 만든다고 별 차이가 나는 것 같지 않지만 그렇게 쌓인 한 번이 백 번이 되면 무서운 차이를 만든다.", "일이 몸에 익고 뭔가 알 만하면 마음이 느슨해진다.", "장사가 너무 안 되어도 그만두고 너무 잘되어도 그만둔다."

한국식 노렝와케

일본에는 '노렝와케'라는 의미 있는 단어가 있다. 일본 식당에 들어가려고 할 때 문 바로 앞에 커튼 같은 것이 걸려 있는 걸 본 적이 있을 것이다. 그것을 노렝이라고 하는데, 노렝와케는 오랫동안 그 가게에서 일한 직원이 독립해서 나갈 때 가게의 노렝을 그에게 나눠 준다는 의미이다. 장작 가마에 한참 빠져 살 때였다. 오사카에 가면 '후로인드'라는 빵집이 있는데 손으로 반죽해서 독일식 오븐으로 빵을 굽고 있다는 소문을 듣고 이리저리 인맥을 동원해 그 집에서 잠깐 연수를 한 적이 있다. 70대 할아버지가 40대 아들과 함께 빵을 굽는데, 굽기 전에 이미 칠판에 가득 적힌 예약자에게 다 팔릴 정도로 유명한 빵집이었다. 옛날에 그 할아버지가 한 살 때 할아버지의 아버지가 고베에 있는 '후로인드 리브'라는 독일 사람이 운영하는 빵집에서 일을 하다가 노렝와케로 '후로인드'라는 이름을 받고 오사카에 개업했다는 얘기를 듣고 나는 감격했다. 나는 비록 제자들에게 뚜렷하게 노렝와케는 못했지만 한국적인 노렝와케로 빵과 제자들을 사랑하는 나의 마음을 나누고 싶다.

나에게 빵을 배우러 오는 사람 중 가장 큰 비중을 차지하는 연령대는 40대, 50대이다. 이분들은 빵과는 전혀 다른 분야에서 일을 하다가 인생의 제2막을 한 번도 접해 보지 못했던 빵 기술로 바꿔 볼까 하는 막연한 마음으로 오기 때문에 빵을 배우러 왔어도 대부분 자신의 미래를 불안하게 생각한다.

제자들은 대부분 한 집안의 가장이다 보니 자신뿐 아니라 가족들의 장래를 걸고 빵을 배운다. 미래에 대한 제자들의 불안감이 얼마나 큰지 알기에 그 가슴 절절한 가장의 무게를 공유한다는 것이 힘에 부칠 때가 있다. 졸업 리포트에 간혹 올리는 제자들의 글에서 그런 절박감을 느낄 때마다 가르친다는 것이 얼마나 막중한 책임을 동반하는지 그 무거움을 새삼 느끼며 내가 과연 제대로 하고 있는지 내 모습을 뒤돌아보게 된다.

빵아카데미의 출발

빵집을 하고 있으면 전국에서 많은 사람이 각자의 사연으로 상담을 하러 온다. 어떻게 알고 오는지는 모르겠지만 어떤 때는 하루에 8명을 상담한 적이 있을 정도로 많이들 찾아오신다. 빵에 관한 것이 대부분이지만 자녀들의 진로 문제에 이르기까지 정말 다양한 분들이 다양한 소재로 상담을 하러 오셔서 이런저런 얘기를 하신다. 나에게 오면 그런 얘기도 받아준다는 것을 어디에서 들었는지 모르겠지만 말이다. 아마도 매스컴에서 여러 이야기를 한 것이 원인이리라 미루어 짐작하고 있다. 그분들의 얘기를 듣고 상담해 주는 것이 나의 적성에도 맞는 것 같고 얼마나 절실했으면 이곳까지 왔을까 생각해서 내가 아는 범위 내에서 성심성의껏 응대해 드린다.

양수리에서 하는 곽지원 빵공방은 예상했던 것 이상으로 순조롭게 장사가 잘되었다. 그동안 생각으로만 그려 왔던 혼자 하는 빵집의 얼개 그림이 점차 확실하게 자리를 잡아 가면서 여러 가지 시도를 통해 안정적으로 '혼자 하는 빵집'이 정착되었다. 그러던 차에 아들이 빵집에 들어와서 같이 빵을 만들었다. 어느 정도 시간이 지나자 둘이 하기에는 조그마한 빵집이라 아들 혼자 해도 될 정도로 아들의 실력이 좋아졌다. 그러자 내게서 빵을 배우며 스텝으로 일하고 있는 이경화 선생이 나에게 빵을 배워보고 싶은 분들이 전국적으로 그렇게 많이 찾아오시니 본격적으로 아카데미를 하면서 그런 분들을 지도해 보면 어떠겠느냐는 제안을 했다. 그렇게 해서 빵아카데미가 시작되었다.

어디에도 모델이 없는 새로운 형태로, 학교도 아니고 학원도 아닌 단순한 빵 체험식으로 시작하다 보니 준비하는 과정이 정말 어려웠다. 빵과 과자를 나눠서 학생들을 모집하고 정원은 4명으로 하고 단순 취미가 아닌 창업을 목적으로 하는 사람들에게 가르치려고 하다 보니 결정해야 하는 여러 가지 세부 사항이 정말 많았다. 지방에서 올라오시는 분들도 있다 보니 간단한 점심 문제까지도 어떻게 해결해야 하는지 고민이 되었다. 창업 위주로 가르치다 보니 한 지역에서 한 제자만 받도록 하는 지역 안배 문제도 해결해야 했다. 제자들이 졸업한 후 창업하는 데 필요한 제품이 무엇인지를 선택해서 빵과 양과자의 커리큘럼을 짜고, 수업은 일주일에 며칠을 해야 하는지를 해결해 나갔다. 긴장되는 마음으로 8명을 두 팀으로 나눠서 4명씩 하는 수업이 시작되었다.

그동안 빵집을 경영하면서 20년 넘게 학생들을 지도해 왔기에 가르친다는 데는 제법 익숙해져 있다고 생각했지만, 성인들을 대상으로, 그것도 창업을 목표로 지도한다는 것은 어린 학생들을 지도하는 것과는 전혀 다른 책임감이 필요했다. 엄청난 중압감을 느꼈다. 처음에는 양과자와 빵을 분리해서 수업을 진행했는데 배우러 오시는 분들의 대부분이 건강빵을 목적으로 오신다는 것을 알고 2기부터는 양과자 클래스를 없애고 빵만 가르치는 수업으로 바꿨다.

머릿속으로 구상했던 방식과 현실에서 부딪히는 문제점들을 계속 보완해 가면서 아카데미의 수업 형태도 점차 완전한 모양새로 자리를 잡아 나갔다. 그동안 졸업생 한 명, 한 명이 창업을 하고 자리를 잡아 가는 모습이 흐뭇하기도 했지만, 제자들이 빵집을 잘할 수 있도록 도와주어야 한다는 책임감도 나날이 커져 갔다.

사실 처음에는 아들에게 자리를 물려주고 남는 시간을 어떻게 하면 활용할 수 있을까 하는 가벼운 마음으로 시작했지만, 졸업하고 창업을 하는 제자들이 늘어나면서 학생들을 지도하는 자체가 책임감으로 느껴져 마음이 무거워져 갔다. 그 사람들이 먼 지방에서 몇 시간 동안 차를 운전하고 올라올 때 얼마나 절박한 심정으로 오는지를 이해하게 되었고 그만큼 잘 가르쳐야 한다는 사명감이 커졌다. 졸업생이 빵집을 창업할 때면 장소를 비롯해 제빵 기계 구매, 판매 제품의 구성에 이르기까지 샅샅이 관여했다. 수업 내용도 즉시 판매할 수 있는 제품으로 계속 발전시켜 나갔고, 특히 이론 수업을 중시해서 기초반이 끝날 때는 이론 시험과 실기 시험을 치르게 했다.

기초반 3개월, 고급반 3개월을 마치면 일본으로 졸업여행을 가서 일본의 유명 빵집을 견학해서 견문을 넓히고 내 모교인 동경제과학교에서 제빵 연수를 통해 수료증도 받고, 그동안 수업받았던 천연효모종으로 만드는 빵을 최종적으로 정리해 보게 하였다. 일 년에 한 번은 전체 졸업생을 대상으로 모집하여 유럽으로 제빵 여행을 떠났다. 유럽 각국의 빵집들을 둘러보고 유명 제과학교에서 연수를 받고 돌아오는 여행이었다. 창업을 하면 도저히 틈을 내기가 어려울 테니 그전에 외국에 가서 많은 빵을 보고 경험을 쌓고 왔으면 하는 바람 때문이었다.

처음 아카데미를 시작할 때는 전혀 생각지도 못한 여러 가지 보완점들이 아카데미의 학습 효과를 한층 업그레이드해 주었다. 졸업생들도 늘어나고 전국적으로 많은 제자가 빵집을 창업해서 열심히 빵을 굽고 있다. 졸업생이 있는 지역 사람들에게는 아카데미에서 수업받는 것을 제한하다 보니 매 기수에 들어오지 못하고 떨어지는 사람이 점점 많아져 아카데미의 수명도 그다지 길지 않으리라는 생각을 하고 있다.

졸업생들이 전국에서 빵집을 열다

아카데미를 졸업한 제자들이 하나둘 전국 방방곳곳에 빵집을 열고 있다. 6개월 과정을 거친 제자들이 건강한 빵을 목표로 빵집을 내는 걸 보면 한편으로는 든든하면서도 다른 한편으로는 불안한 마음도 가득하다. 내가 내 빵집을 열 때도 이만큼 긴장을 안 했는데 제자들이 빵집을 열 때는 정말 긴장이 된다. 한 번도 빵집을 경험해 보지 못한 제자들이라 장소부터 인테리어, 기계, 판매할 제품까지 전반적인 부분을 다 챙긴다고 해도 막상 문을 열 때 보면 조금씩 부족한 부분이 보여 미안해진다. 10인 10색이라고 제각각 장사하는 위치가 다르고 장사하는 철학이 다르다 보니 한마디로 잘라서 말하기가 어렵지만 본인들이 처한 입장에서 최선을 다하는 모습들이 아름답게까지 보인다.

　빵집을 내서 장사를 하는 제자들이 주류를 이루고 있고 취직해서 직장 생활을 하고 있는 제자들도 있고, 제빵 교실을 내서 학생들을 지도하는 제자들도 있다. 언젠가는 전국 구석구석에 내 제자들이 빵집을 내고, 나는 전국에 있는 제자들의 빵집을 돌아다니며 함께 빵을 굽는 행복한 상상을 해 본다. 비록 출발은 나를 통해 조그마하게 시작했지만 나름대로, 각자의 능력대로 커가는 제자들의 모습을 보면서 빵을 지도하는 사람으로서 이보다 더 큰 기쁨이 있을 수가 있을까 생각해 본다. 더불어 살아간다는 의미를 제자들을 통해 실감한다.

　빵을 가르치고 장사의 철학을 가르치며 제자들과의 교류를 통해서 우리 모두가 다 함께 성장해 나가기 위해 오늘도 최선을 다하고 있다. 새벽 4시에 조심스럽게 집을 나선다. 수업이 없는 날 아침이면 제자들의 빵집을 향해서 달려간다. 빵집을 연 제자들이 늘어나면서 새로운 걱정거리가 생겼다. 빵을 만들고 판매하기가 얼마나 어려운 줄 알기에 그들의 힘든 부분을 어떻게 하면 같이 나눌 수 있을까 생각하다가 새벽 암행을 시작했다. 내가 간다고 미리 연락하면 제자들에게 부담을 줄 수도 있고 여러 가지로 폐가 되는 부분도 있을 거라고 생각해서 같은 시각에 제자와 함께 출근한다는 마음으로 가볍게 들른다. 물론 제자들 입장에서는 엄청 스트레스가 되기도 하겠지만 나는 좋은 산타의 마음으로 간다. 제자들이 새벽에 빵 만드는 시간에 맞춰 같이 가서 빵도 같이 만들고, 고민도 들어 주는 시간이 필요하다고 생각했다.

단순하게 아카데미에서 빵을 가르치고 빵집을 열면 그걸로 내가 할 일이 끝난 것이 아니라고 난 생각한다. 그들의 빵집이 안정될 때까지 그들 뒤에는 내가 있다는 믿음과 신뢰가 필요하다고 생각했다. 내가 조금만 육신을 힘들게 하면 많은 제자가 힘을 낼 수 있지 않을까 하는 단순한 생각으로 달려간다. 허점투성이인 평범한 인간이지만 내가 가진 기술을 통해서 제자들과 함께 소통하고 나의 장사 철학을 같이 공유하고 싶은 마음뿐이다.

나 자신의 허점을 메우고 조금만 더 완벽을 향해 달려가려고 노력할 뿐이다. 나는 기술적으로도 인간적으로도 완벽하지 못하다. 완벽은커녕 태양에 다가가다가 촛농이 흘러내려 추락하고 만 이카루스처럼 이상에 못 미치는 나 자신의 모습에 실망하기도 한다. 제자들 가게를 향해 새벽길을 달려가면서 문득문득 이런 나의 행동에 대해 나 자신에게 물어볼 때가 있다. "오버하는 것 아냐?" 그 질문에 내 머리에 떠오르는 말은 한결같다. '사랑'이다. 한때 내게서 빵을 배운 사람들에게 사랑하는 마음을 이렇게라도 표현하고 싶은 것이다. 사랑은 받는 것보다 줄 때가 행복하다는 것을 세상을 살아오면서 어느 땐가 자연스럽게 알아버린 것 같다.

에필로그
죽을 때가지 계속되는 장사하는 장인의 꿈

얼마 전에 풍차를 이용해 직접 재배한 밀을 제분하는 시설을 완성했다. 밀을 직접 밭에다 경작하고, 수확한 밀을 맷돌로 갈아 밀가루를 만들고, 그 밀가루를 손으로 반죽해서 장작 화덕에서 굽는 모든 시설이 갖춰진 것이다. 양수리에 처음 들어올 때부터 그렸던 모습이었다.

한때 장작 화덕 가마에 심취해서 일본 전국을 돌며 장작 화덕 가마로 빵 굽는 빵집들을 순례한 적이 있다. 홋카이도에서 아규비브라는 빵집을 찾아갔을 때 깜짝 놀랐다. 삿포로에서 두 시간을 차로 달려서 도착한 곳은 어느 한적한 해변이었다. 빵을 살 사람이 하나도 없을 것 같은 한적한 해변에 빵 나오는 시간이 되자 물밀 듯 달려온 자동차의 행렬은 장관 그 자체였다. 한 시간도 안 돼 그 많은 빵을 팔고 가게 문을 닫는 광경은 나에게 진한 충격으로 각인되어있다. 언젠가는 나도 양수리에서 직접 화덕에서 장작불로 구운 빵으로 많은 손님과 소통하는 꿈을 꾸고 있다.

오로지 빵을 만드는 한길을 달려오다 보니 어느새 60대 중반을 넘어선 나이가 되었다. 이 나이에 아직도 꿈을 꾸고 미래를 준비할 수 있는 것은 내가 기술자이기 때문이라고 생각한다. 그동안 4회에 걸친 발효식품 두물머리 페스티벌을 통해 준비했던 발효 마을의 꿈도 아직 휴화산으로 남아 있고, 매월 빵 프리마켓을 열어 건강빵을 많은 사람에게 알리고 싶은 계획도 꾸준히 추진하고 있다.

이러한 계획을 완성하고 일흔 살이 되는 해에 나는 새로운 꿈을 향해 스페인행 비행기에 오를 것이다. 6개월을 스페인에 머물며 시골 구석구석에 있는 작은 빵집들을 돌며 같이 빵도 만들고, 그 빵을 배워 와서 제자들에게 전수하고 스페인 빵에 관한 책을 한 권 펴내는 꿈을 꾸고 있다. 건강이 허락하는 한, 해마다 세계 각국을 돌며 6개월은 그 나라에서 빵을 배우고 6개월은 우리나라에 돌아와 그 빵을 제자들과 공유하고, 그 나라의 빵에 관한 책을 한 권씩을 내려고 한다. 지금까지 제과·제빵으로 수많은 씨를 뿌렸고 그중 많은 씨앗이 싹을 틔우고 나와 같은 길을 걷고 있다. 같이 더불어 걸으면서 같은 꿈을 꾸는 세상, 이 얼마나 아름다운 세상인가!

방송통신대 일본어과에 입학하여 공부하고 있다. 무언가 되려는 마음 없이, 어떤 목적도 없이 공부가 좋아 공부할 수 있어서 행복하다. 올 A를 받는 것이 목표다. 무엇을 하든 최선을 다해서 잘해 내겠다는 승부욕은 나이가 들어도 변할 기미가 없다. 이 공부가 끝나면 연세대 철학과 3학년에 편입하는 것을 목표로 하고 있다. 아버지의 모교다. 아버지가 떠나와서 영영 돌아가지 못한 곳. 내가 등록금을 벌어 보겠다고 장사에 뛰어들고, 내 기술로 장사하기 위해 일본으로 떠나고, 수십 년 동안 빵을 만들고 팔며 살아갈 수 있게 한 시작점. 돌아보니, 회한이 남았던 아버지의 그 결정 덕분에 나는 장사하는 장인으로 내 인생을 만들어 올 수 있었다. 아버지가 시작한 여정을 이제 내가 돌아가 마무리할 것이다. 감사하고 감사하다.

장사하는 장인 곽지원 인생 연표

1955년생

19세 (1973년) 건국대학교 입학

19세 (1973년 7월) 변산해수욕장에서 '몽마르죠' 운영

20세 (1974년 8월) 공군 입대(병248기)

22세 (1977년 6월) 공군 만기 제대(교련 혜택 받고 35개월)

22세 (1977년 7월) 격포해수욕장에서 '원카바레' 운영

25세 (1980년) 대학 졸업

26세 (1981년) 회사 입사

30세 (1985년) 회사 퇴사

31세 (1986년) 일본으로 유학 떠남

33세 (1988년) 동경제과학교 입학

36세 (1991년) 동경제과학교 졸업. 일본빵 기술연구소 입소. 프랑스 파리 유학

38세 (1993년) 파리에서 귀국. 나폴레옹 제과점 입사

41세 (1996년 5월) 잠실 올림픽선수촌 아파트에서 '곽지원 빵공방' 창업

51세 (2006년 10월) 양수리로 이전

59세 (2014년) 양수리에 '곽지원 빵공방' 창업

61세 (2016년) '곽지원 빵아카데미' 창업

63세 (2018년) 롯데백화점 잠실점에 '여섯시오븐' 오픈

곽지원 빵 아카데미 공동체

서울특별시　요세프 서울 동작구 현충로 114
　　　　　　빵아틀리에BY이미선 서울 송파구 석촌호수로 188 신동아로잔뷰 지하 1층 208호
　　　　　　잉클링 서울 송파구 양재대로60길 3-5 보우빌딩 1층
　　　　　　브레드 조이 서울 양천구 목동동로 206-5
　　　　　　아쥬드 블레 서울 영등포구 양산로 16
　　　　　　빵재미 서울 은평구 녹번로9길 18
　　　　　　더팜테이블빵공방 서울시 서초구 헌릉로 176 6층 603호
　　　　　　에스씨커피 (SC COFFEE) 서울시 영등포구 국제금융로 6길 33

경기도　　오하브 경기 가평군 북면 꽃넘이길 43
　　　　　　브레드 평강 경기 가평군 설악면 한서로 87
　　　　　　큰숲 제빵소 경기 고양시 일산동구 애니골길 118
　　　　　　베이커린 경기 구리시 검배로15번길 27 1층
　　　　　　쿠모쿠모베이커리 경기 군포시 산본로432번길 4 1층 103호
　　　　　　커피 소래비 경기 남양주시 화도읍 소래비로11번길 5
　　　　　　천연발효 비건 나정빵집 경기 성남시 분당구 동판교로52번길 13-9 1층
　　　　　　달빵 경기 성남시 분당구 운중로267번길 13-7 B01호
　　　　　　참나무카페 경기 성남시 수정구 단대로 14

	브로트하임 경기 안양시 동안구 흥안대로 426-17 상가106호
	브레드 컬쳐 경기 양주시 옥정동로5사길 7 브레드컬쳐
	곽지원 빵공방 경기 양평군 양서면 두물머리길8번길 28 1층 곽지원빵공방
	중미산제빵소 경기 양평군 옥천면 마유산로 590
	해피 쿠키 경기 용인시 수지구 고기로45번길 58 동문그린아파트 상가동 102호
	카페 랄로 경기 용인시 수지구 신봉1로369번길 5 1층
	양달농원캠핑장 경기 용인시 처인구 원삼면 학일로 100-2
	박서진 베이커리 경기 이천시 백사면 원적로775번길 8
	브릴리언트 경기 하남시 미사강변중앙로 173 미사리버에비뉴 1층 125,126호
	랄라 브레드 경기도 광주시 퇴촌면 천진암로 994-5
	대가농원 경기도 남양주시 조안면 다산로 761번길 15
	브레드 파파 경기도 하남시 미사강변 한강로 354번길 10
인천광역시	밀집 인천 연수구 샘말로8번길 11 1층
	빵공방 미희우 인천 계양구 살라리로2번길 5-2 1층
	큰나무 카페 인천 강화군 양도면 강화남로428번길 70-11
대전광역시	카페 정림동 대전 서구 정림동로 15-2 Cafe 정림동
광주광역시	빵과 장미 광주 광산구 상도산길 54 1층
부산광역시	밀 한줌(온천천점) 부산 동래구 온천천로471번길 7 1층 104호
	밀 한줌(중앙동점) 부산 중구 중앙대로 77 1층
강원도	해피 브레드 강원 속초시 중앙로82번길 2 1층 해피브레드
	꽃차죽 강원 영월군 영월읍 단종로 20 1F 꽃차죽 / 2F 맥주창고
	아이올라 강원 인제군 인제읍 회동길 660-13
	브로트 강원 춘천시 공지로 149 –1
충청도	계룡 농산 충남 공주시 계룡면 고비고개길 73
	꼬네 충북 제천시 의림대로 657
전라도	그랑께롱 전남 장흥군 용산면 용안로 409-71
	곽형호 빵공방 전북 군산시 수송남로 36-2
	영농조합법인푸드인완주마더쿠키 전북 완주군 봉동읍 추동로 51-5
경상도	창선 101 경남 남해군 창선면 창선로 101 상죽리123
	놀러와락 게스트하우스 경북 경주시 임해로 100-11
	에버그린 베이커리 경북 고령군 대가야읍 중앙로 13-1
	곽선호 빵공방 경북 구미시 백산로2길 39-1
해외	마이크로블랑제리
	97A Xuân Thủy, Thảo Điền, Quận 2, Thành phố Hồ Chí Minh 10000 베트남

어떤 불황에도
끝까지 살아남는
장인의 장사

발행일	2021년 3월 31일 초판 1쇄
	2021년 4월 12일 초판 2쇄
지은이	곽지원
발행인	윤형석
발행처	코칭타운
책임편집	이윤석
교정교열	이용선
북디자인	김현수
주소	서울 성동구 뚝섬로1길25, 3층 301호
전화	02 6261 8838
팩스	02 6271 8838
이메일	info@coachingtown.com
블로그	blog.naver.com/coachingtown
등록	제 2020-000092호

ISBN 979-11-953186-4-3 (13320)

ⓒ 곽지원, 2021

* 가격은 뒤표지에 있습니다.
* 잘못 만들어진 책은 구입처에서 바꾸어 드립니다.